U0500558

专利审查与社会服务丛书

新旧动能
转换新引擎

魏保志 于智勇 主编

国家知识产权局专利局专利审查协作天津中心 山东省知识产权局 组织编写

新能源产业
专利导航

知识产权出版社
全国百佳图书出版单位

图书在版编目（CIP）数据

新旧动能转换新引擎. 新能源产业专利导航/魏保志，于智勇主编. —北京：知识产权出版社，2018.11（2019.9 重印）

（专利审查与社会服务丛书/魏保志主编）

ISBN 978 – 7 – 5130 – 5878 – 0

Ⅰ.①新… Ⅱ.①魏… ②于… Ⅲ.①新兴产业—专利—研究报告—山东②新能源—新兴产业—专利—研究报告—山东 Ⅳ.①F279.244.4②F426.2③G306.3

中国版本图书馆 CIP 数据核字（2018）第 225379 号

内容提要

本书以山东省新能源产业为视角，从新能源产业实际出发，重点分析国内外新能源产业先进技术情况，国内外主要申请人、发明人和重点专利情况，以及山东省各市区的优势企业，通过与其他主要省市相关产业情况进行对比分析，找出山东省新能源产业的优势和不足。本书在深入研究山东省新能源专利现状、发展趋势的基础上，针对产业政策导向、技术发展方向给出相应产业转型升级建议，是了解山东省新能源产业技术发展现状的必备工具书，可对山东省新能源产业的技术发展方向、招商引资和人才引进提供有益的帮助。

读者对象：政府部门、新能源产业相关企事业单位。

责任编辑：黄清明　江宜玲　　　　责任校对：潘凤越

内文设计：洪广东　　　　　　　　责任印制：刘译文

新旧动能转换新引擎

新能源产业专利导航

国家知识产权局专利局专利审查协作天津中心　山东省知识产权局　组织编写

魏保志　于智勇　主编

出版发行：知识产权出版社有限责任公司	网　址：http://www.ipph.cn
社　址：北京市海淀区气象路 50 号院	邮　编：100081
责编电话：010 – 82000860 转 8117	责编邮箱：hqm@cnipr.com
发行电话：010 – 82000860 转 8101/8102	发行传真：010 – 82000893/82005070/82000270
印　刷：北京虎彩文化传播有限公司	经　销：各大网上书店、新华书店及相关专业书店
开　本：787mm×1092mm　1/16	印　张：8.25
版　次：2018 年 11 月第 1 版	印　次：2019 年 9 月第 2 次印刷
字　数：188 千字	定　价：38.00 元

ISBN 978 -7 -5130 -5878 -0

出版权专有　侵权必究

如有印装质量问题，本社负责调换。

编委会

主　编：魏保志　于智勇

副主编：刘　稚　杨　帆　周胜生　张忠强　刘春林

编　委：汪卫锋　邹吉承　刘　梅　饶　刚　王智勇

　　　　朱丽娜　王力维　刘　锋　韩　旭　吴献廷

　　　　于凌崧　齐广山　王海峰　闫　斌　李　检

编 写 组

一、项目指导
国家知识产权局专利局专利审查协作天津中心 山东省知识产权局
二、项目管理
国家知识产权局专利局专利审查协作天津中心
三、项目研究组
承担部门：国家知识产权局专利局专利审查协作天津中心

负责人：杨 帆

组　长：汪卫锋

副组长：王　琳　夏　鹏

成　员：唐郡 吴肖志 王　欣 陈　琼 崔　娇 赵　萌
四、研究分工
数据检索：唐郡 陈　琼 崔　娇 吴肖志 王　欣 赵　萌

数据清理：唐郡 陈　琼 崔　娇 吴肖志 王　欣 赵　萌

数据标引：唐郡 陈　琼 崔　娇 吴肖志 王　欣 赵　萌

图表制作：唐郡 陈　琼 崔　娇 吴肖志 王　欣 赵　萌

执　笔：唐郡 陈　琼 崔　娇 吴肖志 王　欣 赵　萌

统　稿：汪卫锋 王　琳 夏　鹏

编　辑：汪卫锋 夏　鹏

审　校：杨　帆 刘　锋 龙巧云
五、撰稿分工
唐　郡：主要执笔第一章、第八章第一节

陈　琼：主要执笔第二章、第七章、第八章第六节

崔　娇：主要执笔第三章、第八章第二节

吴肖志：主要执笔第四章、第八章第三节

王　欣：主要执笔第五章、第八章第四节

赵　萌：主要执笔第六章、第八章第五节

序（一）

党的十九大报告中提出：我国经济已由高速增长阶段转向高质量发展阶段，正处在转变发展方式、优化经济结构、转换增长动力的攻关期。习近平总书记在全国两会上强调，"中国如果不走创新驱动发展道路，新旧动能不能顺利转换，就不能真正强大起来"。

倡导创新文化，强化知识产权创造、保护、运用，是中央对知识产权工作提出的新任务和更高要求。"加强知识产权保护，这是完善产权保护制度最重要的内容，也是提高中国经济竞争力最大的激励"，是习近平新时代中国特色社会主义思想在知识产权方面的最新要求，也是做好新时代知识产权工作的根本遵循和行动指南。

加快建设创新型国家，不断增强经济创新力和竞争力，期待知识产权有更大作为。新形势下，充分运用专利信息资源，将专利数据分析与产业发展决策相融合，对于传统产业转型升级、提高创新水平具有重要意义。

在山东省深入实施新旧动能转换重大工程的时代背景下，国家知识产权局专利局专利审查协作天津中心与山东省知识产权局合作，成立4个项目组分别对新能源、新材料、现代海洋和现代农业开展专利导航研究，形成了一系列有益于地方经济发展的研究成果，予以结集出版。期待这些翔实的专利数据分析能够为地方新旧动能转换提供参考依据，为产业发展培育新动力、打造新引擎。

魏保志

2018 年 9 月

序（二）

　　近年来，山东省坚持以习近平新时代中国特色社会主义思想为指引，认真贯彻落实新发展理念，加快转变经济发展方式，努力在全面建成小康社会进程中走在前列。省第十一次党代会确定实施新旧动能转换重大工程。2018 年 1 月 3 日，国务院批复同意《山东新旧动能转换综合试验区建设总体方案》，标志着我省新旧动能转换综合试验区建设正式上升为国家战略，成为全国第一个以新旧动能转换为主题的区域发展战略，赋予了山东省在全国新旧动能转换中先行先试、提供示范的历史机遇和重大责任。2018 年 2 月，省政府出台《山东省新旧动能转换重大工程实施规划》，强调指出要发展新兴产业培育形成新动能，提升传统产业改造形成新动能，按照以"四新"（新技术、新产业、新业态、新模式）促"四化"（产业智慧化、智慧产业化、产业融合化、品牌高端化），实现"四提"（传统产业提质效、新兴产业提规模、跨界融合提潜能、品牌高端提价值）的要求，做优做强做大"十强"产业，推动我省走在前列，由大到强，全面求强。

　　2018 年 2 月 22 日，山东省召开了全面展开新旧动能转换重大工程动员大会，省委书记刘家义同志在会上强调，加快新旧动能转换要着力在做优做强做大"十强"产业上实现新突破，加快培育新一代信息技术、高端装备、新能源新材料、智慧海洋、医养健康 5 个新兴产业，改造升级绿色化工、现代高效农业、文化创意、精品旅游、现代金融 5 个传统产业。2018 年 7 月 11 日，山东省召开了招商引资、招才引智工作会议。刘家义书记强调，要聚焦"十强"产业集群，"聚天下英才而用之"。龚正省长指出，始终牢记发展是第一要务、人才是第一资源、创新是第一动力，以高水平"双招双引"重塑对内对外开放新优势。

为贯彻落实省委、省政府的决策部署，充分发挥知识产权在支撑创新、助力新旧动能转换重大工程的重要作用，省知识产权局把深入开展专利导航工程作为服务新旧动能转换的突破口，通过聚焦"十强"产业实施专利导航工程，摸清产业专利布局，逐步建立以专利导航引导推动山东省区域经济、重点产业、重点企业实现精准规划、科学发展的新兴发展模式，建立"政产学研金服用"深度融合的专利导航工作体系。经过调研论证，在广泛吸取行业主管部门意见和满足创新主体需求的情况下，结合全省新旧动能转换"十强"产业实际，确定围绕新能源、新材料、现代海洋、现代农业、新一代信息技术、高端装备、医养健康和高端化工8个产业开展专利导航工作。

专利导航是通过运用专利信息和专利分析技术引导产业、行业、企业发展的有效工具，可以有效防范和规避发展中面临的知识产权风险，提高创新效率和水平，为创新发展提供专利大数据支撑。据世界知识产权组织统计，全世界每年发明创造成果的90%～95%体现在专利技术中，其中约70%最早体现在专利申请中。在科技创新中充分利用专利信息资源，可以缩短60%的研发时间和节约40%的研发资金。可以看出，专利导航对支撑创新创造、助力新旧动能转换尤为重要，更加紧迫。

为确保这项工作的实效性，我们积极引入国家知识产权局才智资源，与国家知识产权局专利局专利审查协作天津中心建立了合作关系。项目开展以来，近百名专利审查员参与项目研究，多次与相关企业对接交流，数易其稿，首期形成4份内容翔实、分析深入、紧扣需求的专利导航报告，共计90万字，图表700幅。此次相关专利导航研究在深入梳理各产业的专利现状、发展趋势的基础上，从产业政策导向、技术发展方向给出了相关的产业转型升级建议。从广度上来看，涉及新能源、新材料、现代海洋、现代农业等产业的各分支；从深度上来看，对龙头企业与跨国公司在专利布局、核心专利、技术发展等进行了对比，给出了企业的技术突破的"点"和研发方向的"线"，深受相关产业企业欢迎，对推动产业企业转型升级、加快新旧动能转换、实现精准招商引资和招才引智提供了路线图和施工图。

本书涉及新能源，通过针对新能源的各个分支：太阳能产业、风能产业、生物质能产业、锂离子电池产业以及核能产业等深入地进行专利数据分析，得出了其总体发展态势、逐年变化趋势、主要研究团队、技术热点等情况。在分析的基础上，针对性地给出了新能源新旧动能转换的建议。

在编写的过程中，各项目组虽然对课题报告内容进行了精心细致的总结和提炼，但由于专利文献的数据采集范围和专利分析工具的限制，加之时间仓促、研究人员的水平有限，报告的数据、结论和建议仅供社会各界参考借鉴。

于智勇

2018 年 9 月

目　录

第一章　新能源产业技术发展综述 ／ 1

　　第一节　新能源主要产业发展状况 ／ 1

　　　　一、太阳能产业 ／ 2

　　　　二、风能产业 ／ 4

　　　　三、生物质能产业 ／ 5

　　　　四、锂离子电池产业 ／ 7

　　　　五、核能产业 ／ 9

　　第二节　研究目的与研究内容 ／ 11

　　　　一、研究目的 ／ 11

　　　　二、技术分解 ／ 11

　　　　三、数据检索和处理 ／ 12

　　　　四、专利术语 ／ 12

第二章　新能源产业整体状况 ／ 14

　　第一节　全球专利申请状况 ／ 14

　　　　一、全球专利申请趋势 ／ 14

　　　　二、全球专利申请区域分布 ／ 14

　　第二节　中国专利申请状况 ／ 15

　　　　一、中国专利申请趋势 ／ 15

　　　　二、中国专利申请区域分布 ／ 16

　　第三节　山东与江苏、广东专利申请对比 ／ 17

　　　　一、三省专利申请趋势 ／ 17

　　　　二、三省专利申请类型 ／ 18

　　　　三、三省专利申请人类型逐年变化趋势 ／ 18

　　　　四、三省新能源各分支产业占比逐年变化趋势 ／ 20

　　第四节　山东各市专利申请状况 ／ 21

　　　　一、山东专利申请区域分布 ／ 21

　　　　二、山东各市新能源产业分布状况 ／ 22

　　第五节　小结 ／ 23

第三章　太阳能产业 ／ 24

　　第一节　全球专利申请状况 ／ 24

　　　一、全球专利申请趋势 / 24

　　　二、全球专利申请区域分布 / 26

　　　三、全球主要申请人和主要发明人 / 26

　　第二节　中国专利申请状况 / 27

　　　一、中国专利申请趋势 / 27

　　　二、中国专利申请区域分布 / 28

　　　三、中国与山东主要申请人 / 28

　　　四、中国与山东主要发明人 / 29

　　第三节　山东专利申请状况 / 30

　　　一、山东专利申请趋势 / 30

　　　二、山东专利申请区域分布 / 30

　　　三、山东专利申请量排名前五市申请人类型对比 / 31

　　第四节　山东与江苏、浙江、广东专利申请对比 / 32

　　　一、四省专利申请类型 / 32

　　　二、四省专利法律状态 / 33

　　　三、四省授权专利有效率 / 33

　　　四、四省专利申请技术主题 / 34

　　第五节　重点专利及建议 / 35

　　第六节　小结 / 38

第四章　风能产业 / 40

　　第一节　全球专利申请状况 / 40

　　　一、全球专利申请趋势 / 40

　　　二、全球专利申请区域分布 / 41

　　　三、全球主要申请人与主要发明人 / 42

　　第二节　中国专利申请状况 / 43

　　　一、中国专利申请趋势 / 43

　　　二、中国专利申请区域分布 / 43

　　　三、中国与山东主要申请人 / 44

　　第三节　山东专利申请状况 / 45

　　　一、山东专利申请区域分布 / 45

　　　二、山东专利申请量排名前五市申请人类型对比 / 45

　　第四节　山东与江苏、广东专利申请对比 / 46

　　　一、三省专利申请趋势 / 46

　　　二、三省专利申请类型 / 47

　　　三、三省专利法律状态 / 47

　　　四、三省授权专利有效率 / 48

　　　五、三省专利申请技术主题 / 49

　　第五节　北车风电和金风科技专利申请对比 / 49

　　第六节　小结 / 56

第五章　生物质能产业 / 57
　　第一节　全球专利申请状况 / 57
　　　　一、全球专利申请趋势 / 57
　　　　二、全球专利申请区域分布 / 58
　　　　三、全球主要申请人和主要发明人 / 58
　　第二节　中国和山东专利申请状况 / 59
　　　　一、中国和山东专利申请趋势 / 59
　　　　二、中国专利申请区域分布 / 60
　　　　三、中国和山东主要申请人 / 61
　　　　四、中国和山东主要发明人 / 62
　　第三节　山东各市专利申请状况 / 63
　　　　一、山东专利申请区域分布 / 63
　　　　二、山东专利申请量排名前五市申请人类型对比 / 63
　　　　三、山东专利申请技术主题 / 64
　　第四节　山东与江苏、广东、浙江专利申请对比 / 67
　　　　一、四省专利申请趋势 / 67
　　　　二、四省专利申请类型 / 68
　　　　三、四省专利法律状态 / 69
　　第五节　小结 / 70
第六章　锂离子电池产业 / 71
　　第一节　全球专利申请状况 / 71
　　　　一、全球专利申请趋势 / 71
　　　　二、全球专利申请区域分布 / 72
　　　　三、全球主要申请人和主要发明人 / 72
　　第二节　中国和山东专利申请状况 / 73
　　　　一、中国和山东专利申请趋势 / 73
　　　　二、中国专利申请区域分布 / 74
　　　　三、中国和山东主要申请人 / 75
　　　　四、中国和山东主要发明人 / 75
　　第三节　山东与广东、江苏专利申请对比 / 76
　　　　一、三省专利申请趋势 / 76
　　　　二、三省专利申请类型 / 77
　　　　三、三省专利申请人类型 / 77
　　　　四、三省专利法律状态 / 78
　　　　五、三省授权专利有效率 / 78
　　第四节　山东各市专利申请状况 / 79
　　　　一、山东专利申请区域分布 / 79
　　　　二、山东主要申请人专利申请趋势和阶段排名变化 / 80
　　　　三、山东专利申请技术主题和技术功效 / 81

第五节　海特电子与比亚迪专利申请对比 / 82
　　一、专利申请类型与专利法律状态 / 82
　　二、技术主题与技术功效 / 82
　　三、比亚迪重点专利及相关建议 / 83
第六节　小结 / 85
第七章　核能产业 / 87
第一节　中国和山东专利申请状况 / 87
　　一、中国和山东专利申请趋势 / 87
　　二、中国专利申请区域分布 / 88
　　三、中国和山东申请人类型逐年变化趋势 / 89
　　四、中国主要申请人 / 89
　　五、中国和山东专利申请技术主题 / 90
　　六、中国主要发明人的技术构成 / 91
第二节　小结 / 92
第八章　新能源产业新旧动能转换分析及建议 / 93
第一节　新能源产业整体形势分析及发展建议 / 93
　　一、针对山东的整体建议 / 93
　　二、针对山东各市的建议 / 96
第二节　太阳能产业分析及发展建议 / 97
　　一、针对山东的整体建议 / 97
　　二、针对山东各市的建议 / 99
　　三、针对山东企业的建议 / 100
第三节　风能产业分析及发展建议 / 101
　　一、针对山东的整体建议 / 101
　　二、针对山东各市的建议 / 104
　　三、针对山东企业的建议 / 104
第四节　生物质能产业分析及发展建议 / 105
　　一、针对山东的整体建议 / 105
　　二、针对山东各市的建议 / 107
　　三、针对山东企业的建议 / 108
第五节　锂离子电池产业分析及发展建议 / 109
　　一、针对山东的整体建议 / 109
　　二、针对山东各市的建议 / 111
　　三、针对山东企业的建议 / 112
第六节　核能产业分析及发展建议 / 113
　　一、针对山东的整体建议 / 113
　　二、针对山东各市的建议 / 114
参考文献 / 115

第一章　新能源产业技术发展综述

新能源又称非常规能源，是指传统能源之外的各种能源形式，它是近代才被人类开发利用、有待于进一步研究发展的能量资源。步入 21 世纪以来，面对能源短缺、能源价格大幅攀升、全球气候变暖等日益严峻的形势，世界各国对新能源的需求更为迫切。与传统能源相比，新能源具有安全、绿色、清洁等特点。

能源作为国民经济发展的重要保障，领先的能源工业发展水平是大国国家综合实力的集中体现，积极发展新能源有利于保障国家能源安全，提升国际竞争力。坚持走新型工业化道路，促进产业结构升级的稳步推进，加快优化和调整经济结构，是关系到国民经济全局的重大战略任务，新能源产业与绿色 GDP、科技含量高、市场前景广阔的要求相符，是新的朝阳产业，发展新能源有利于促进产业结构优化升级，调整经济结构。

第一节　新能源主要产业发展状况

山东省位于我国东部沿海，黄河下游，全省陆域面积约 1579 万公顷，其中，耕地面积 764 万公顷，林地面积 136 万公顷，未利用地面积 164 万公顷，黄河三角洲地区未利用地资源丰富；全省海域面积约 1064 万公顷，海岸线长 3345 千米，占全国的 1/6。除水能外，山东省风能、太阳能、生物质能、地热能、海洋能等可再生能源资源均较为丰富；东部沿海地区拥有适合发展核电的厂址，核能发展优势明显。同时，山东省气候温和，雨量相对集中，自然灾害少发，地质稳定，电网建设较为完善，电网接入和市场消纳条件较好，具备大规模开发利用新能源和可再生能源的基本条件。

"十二五"以来，在《可再生能源法》及系列政策措施推动下，山东省全面落实国家各项工作部署，积极研究配套支持政策，大力优化发展环境，继续把风能、太阳能、生物质能、地热能等作为重点领域，新能源和可再生能源发展步入全面、快速、规模化发展阶段。2015 年，全省新能源和可再生能源占能源消费总量比重约为 3%。"十二五"期间，全省新增新能源和可再生能源发电装机 837 万千瓦，累计达到 1115.1 万千瓦，占全省电力总装机的比重达到 11.5%，比"十一五"末提高 7.1 个百分点。

相对于传统能源而言，在不同的历史时期和科技水平情况下，新能源有不同的内容。当今社会，它的各种形式大都是直接或者间接地来自太阳或地球内部深处所产生的能量，包括太阳能、风能、海洋能、生物质能、核能、地热能等。本章重点介绍技术发展较为活跃、专利控制力相对较强的太阳能、风能、生物质能、核能以及在新能源汽车中的重要化学储能装置锂离子电池 5 个分支产业。

一、太阳能产业

太阳能一般指太阳光的辐射能量。太阳能的主要利用形式有太阳能的光热转换、光电转换以及光化学转换三种,其中太阳能光电转换是太阳能利用的主要方向,太阳能光伏发电系统是较为成熟的太阳能产品。

1. 太阳能产业整体状况

光伏产业是利用光伏效应使太阳光照射到硅材料上产生电流直接发电而形成的上下游关联产业。光伏发电是利用半导体界面的光生伏特效应而将光能直接转变为电能的一种技术。光伏真正的大规模商业化应用是从德国开始的,2000 年德国颁布《可再生能源法案》,确保光伏电全额上网、给予光伏电站高额补贴并承诺一旦获得补贴备案就能保障 20 年补贴不变。

从总体来看,全球光伏产业装机容量由 2010 年的 5000 万千瓦上升至 2016 年的 30500 万千瓦。如图 1-1 所示,以美国、中国、日本、印度、英国和德国为代表的几个国家在 2010~2017 年光伏新增装机容量不断提升。2016 年全球光伏新增装机容量为 7000 万千瓦,中国光伏新增装机容量为 3454 万千瓦,占全球新增装机容量的 49.34%,累计装机容量 7742 万千瓦,新增和累计装机容量均为全球第一。其次为美国,新增装机容量为 1476 万千瓦,占比为 21.09%,欧洲和日本等传统市场的市场占比正逐渐被中国、美国、印度等市场赶超。

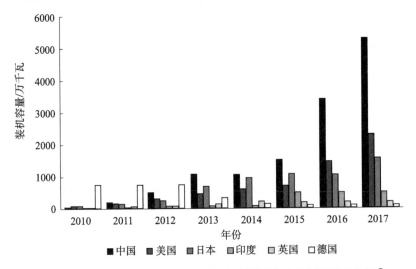

图 1-1 2010~2017 年全球光伏产业代表性国家光伏新增装机容量❶

我国光伏产业一直保持强劲态势。2017 年,光伏新增装机 5306 万千瓦,首次超过火电,成为第一大新增电力装机,光伏累计装机 13025 万千瓦,占电力总装机的 7.3%。当前我国光伏产业发展迅速,已呈现区域化、集群化,邻近企业之间形成产业链互补和经济合作,产业竞争力实现整体提高。如图 1-2 国家统计局数据显示,2011~2016 年,

---

❶ http://www.china-nengyuan.com/news/120411.html.

我国光伏产业销售收入逐年递增，由 2011 年的 1519.47 亿元增长至 2016 年的 5483.27 亿元，年均复合增长率高达 29.26%。随着国家政策对光伏产业支持力度的不断加大，产业市场规模仍将保持大幅度增长趋势。

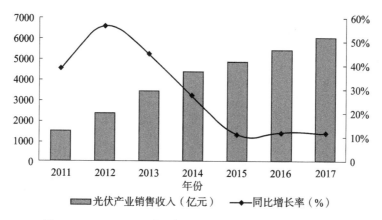

图 1-2　2011～2017 年光伏产业销售收入及其变化情况❶

从地区行业发展来看，光伏产业主要分布于华中、华北和华南地区。2016 年，华中地区光伏产业规模全国占比达到 35.42%，其次为华北地区，行业规模占比为 21.48%，华南地区占比达到 19.44%，其余地区光伏产业规模占比均低于 15%。

现阶段，我国光伏产业的发展已经基本形成了相对完善的产业链体系。上游产业链主要包含单晶硅棒、方棒和单晶多晶硅片等硅材料；中游产业链主要包括单晶及多晶电池片及组件；下游产业链主要包括光伏发电系统及光伏产品。

2. 山东省太阳能产业

2016 年，山东省内规模最大的智能光伏发电项目农业光伏大棚项目落户青岛西海岸新区胶河经济区。该项目作为新区海洋高新区与山东省电力企业协会共建的精准扶贫项目，总投资 20 亿元，全部建成后可为当地农民提供就业岗位 2000 余个，促进增收 4800 万元。2016 年 10 月，山东省获得国家能源局下达的 111.7 万千瓦光伏扶贫电站建设规模，涉及临沂、德州、菏泽等 9 个市、26 个县，可帮扶 10 万户贫困户。2017 年山东潍坊瑞驰 10 兆瓦分布式光伏电站项目顺利并网，该项目总投资 7500 万元，建筑面积 10 万平方米的单晶光伏组件，总装机容量 10 兆瓦，采用"全额上网"模式，年均发电量约 12 千兆瓦时，年可节约标准煤约 13 万吨，减少二氧化碳排放 1.2 万吨。

山东省太阳能光伏发电应用从无到有、从小到大，充分利用荒山荒地、滩涂水面、建筑物屋顶等，已呈现多元化、规模化发展态势。太阳能光热应用实现了以居民为主向工、商、民并重转变，涵盖居民住宅、工业企业、宾馆、商务楼宇、学校等多个领域。截至 2015 年年底，全省光伏发电并网装机容量累计达到 132.7 万千瓦，是"十一五"末的 47 倍，其中，光伏电站 88.5 万千瓦，分布式光伏发电 44.2 万千瓦；太阳能光热产品集热面积保有量超过 1 亿平方米，占全国的 1/4 左右。

---

❶　http：//www.china - nengyuan.com/news/120411.html.

《山东省新能源和可再生能源中长期发展规划（2016～2030年）》中指出，要充分发挥山东省太阳能资源丰富、分布广泛、开发利用基础较好的优势，以提供绿色电力、绿色热力为重点，坚持太阳能发电与热利用并重的原则，不断扩大太阳能利用规模；积极推进太阳能利用与常规能源体系相融合；以推广应用促进技术进步和产业发展，努力实现光伏产业规模化和跨越式发展，积极推进光热产业转型发展。

二、风能产业

风能是太阳辐射下流动所形成的。风能与其他能源相比具有明显的优势，它蕴藏量大，是水能的10倍，分布广泛，永不枯竭，对交通不便、远离主干电网的岛屿及边远地区尤为重要。

1. 风能产业整体状况

风力发电是当代人利用风能最常见的形式，自19世纪末，丹麦研制成功风力发电机以来，人们认识到石油等能源会枯竭，开始重视风能的发展，利用风来做其他的事情。1977年，联邦德国在布隆坡特尔建造了一个世界上最大的发电风车，开启了人们对风电的探索。

风电作为应用最广泛和发展最快的新能源发电技术，已在全球范围内实现大规模开发应用。2016年的风电市场由中国、美国、德国和印度引领，2016年全球风电新增装机容量5460万千瓦，同比下降14.2%，其中，中国风电新增装机容量达2332.8万千瓦，占2016年全球风电新增装机容量的42.7%。到2016年年底，全球风电累计装机容量达到48674.9万千瓦，累计同比增长12.5%。其中，截至2016年年底，中国风电装机总量达到16869万千瓦，占全球风电累计装机总量的34.7%。

"十二五"期间，中国风电新增装机容量连续5年领跑全球，累计新增9800万千瓦，占同期全球新增装机总量的18%，在电源结构中的比重逐年提高。中东部和南方地区的风电开发建设取得积极成效。到2015年年底，全国风电并网装机达到1.29亿千瓦，年发电量1863亿千瓦时，占全国总发电量的3.3%，比2010年提高2.1个百分点。风电已成为我国继煤电、水电之后的第三大电源。

从风电产业市场竞争情况来看，由于受到行业进入门槛的制约，风力发电行业呈现市场份额集中度较高的行业特征，以国电、华能、大唐、华电和国家电投五大国有发电集团为代表的国有风力发电企业的累计并网容量占据了主力地位，民营风力发电企业虽然目前占比不高，但是处于逐步增长的阶段。

风电产业链主要包括上游的零部件生产、中游的整机制造，以及下游的电站投资运营。风机零部件包括叶片、塔筒、发电机、电控、齿轮箱等。目前，我国风电产业已经形成包括叶片、塔筒、齿轮箱、发电机、变桨偏航系统、轮毂等在内的零部件生产体系。从零部件价值量的角度来看，风机叶片的价值量最大，造价约占整个设备的23%。国内具有风机叶片规模生产能力的公司主要有中材科技、中复连众、中航惠腾、棱光实业；国际知名的叶片制造商主要为丹麦艾尔姆（LM）公司和维斯塔斯（Vestas）公司、西班牙歌美飒（Gamesa）公司和印度苏司兰（Suzlon）公司。

2. 山东省风能产业

山东省依靠其资源秉性和地理优势，风能产业发展迅速，自 1986 年我国第一个风电场在山东荣成建立以来，风电已经成为山东省发展最快的新兴可再生能源。近年来烟台市风电发展迅速，截至 2016 年年底，烟台分布式光伏并网项目累计 1955 个，累计并网容量达 7.55 万千瓦，并网容量位居山东省首位。2016 年，山东省首个海上风电示范项目落地昌邑，该项目海上测风塔已经正式测风，这也标志着山东省海上风电建设序幕正式拉开。2017 年 7 月，山东省一次性投产最大风电项目在青岛西海岸并网发电，大唐宝山风电场位于西海岸新区，总投资约 22 亿元，总装机容量 250 兆瓦，共安装单机容量 2 兆瓦的风力发电机组 125 台，是中国大唐集团公司在山东地区投资金额最多、装机容量最大的风电项目，也是山东省乃至全国东部沿海地区一次性建设并一次性投产的单体容量最大的风电项目。

山东省风能发电呈现规模化发展特征，成为山东省发展最快的新兴可再生能源。截至 2015 年年底，全省风电累计并网装机容量达到 721.5 万千瓦，占电力总装机的比重为 7.4%，比"十一五"末提高 5.2 个百分点。2015 年，风电全年完成发电量 121.4 亿千瓦时，比 2014 年增长 20%。风电技术水平不断提高，主力机型已从千瓦级发展到兆瓦级，单机 1.5 兆瓦及以上的装机占全省风电总装机的 90% 以上。

《山东省新能源和可再生能源中长期发展规划（2016～2030 年）》中指出，加强陆地风能资源管理，围绕山东半岛东部、北部沿海陆域风电带以及鲁中、鲁西南内陆山区风电带，以烟台、青岛、潍坊、东营、滨州等市沿海陆域和淄博、泰安、济宁、临沂、枣庄等市山区为重点，以德州、菏泽等平原地区低风速风电发展为补充，积极建设陆上千万千瓦级风电基地。力争到 2020 年，全省风电并网装机容量达到 1400 万千瓦；到 2030 年，全省风电并网装机容量达到 2300 万千瓦。并且适时启动海上风电开发建设，以鲁北、莱州湾、渤中、长岛、半岛北、半岛南等 6 个百万千瓦级海上风电基地为重点，积极推进潮间带及近海风电项目建设，打造海上千万千瓦级风电基地。

三、生物质能产业

生物质是地球上最广泛存在的物质，包括所有的动物、植物和微生物，以及由这些有生命物质派生、排泄和代谢的许多物质。生物质发电是利用生物质所具有的生物质能进行发电，是新能源发电的一种。当今环保以减排和克霾为重，相比燃煤发电，生物质发电优势明显。生物质固体燃料低灰低硫，氮氧化物、二氧化硫、二氧化碳以及烟尘颗粒的排放远低于燃煤发电。

1. 生物质能产业整体状况

生物质能产业主要包括生物质发电、生物液体燃料、生物质成型燃料、生物质燃气、生物制氢技术等。如图 1-3 所示，生物质发电分为直接燃烧发电、混合燃烧发电、生物质气化发电和沼气发电 4 种类型。生物质发电技术是目前生物质能应用方式中最普遍、最有效的方法之一，成为一些国家重要的发电和供热方式。

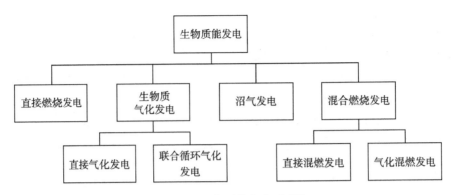

图1-3　生物质能发电形式❶

生物质发电起源于20世纪70年代的石油危机，1990年以来在欧美许多国家发展迅速。生物质发电主要集中在发达国家，特别是北欧的丹麦、芬兰等国，印度、巴西和东南亚的一些发展中国家也积极研发或者引进技术建设生物质发电项目。生物质能源是美国最大的可再生能源，约占美国全国能源供给量的3%。截至2012年年底，生物质能已经成为美国可再生能源的主要来源。

截至2016年年底，中国已投产生物质发电项目665个，并网装机容量1224.8万千瓦，年发电量634.1亿千瓦时，年上网电量542.8亿千瓦时。其中，农林生物质发电项目254个，并网装机容量646.3万千瓦，年发电量326.7亿千瓦时，年上网电量298.5亿千瓦时。垃圾焚烧发电项目273个，并网装机容量548.8万千瓦，年发电量292.8亿千瓦时，年上网电量236.2亿千瓦时。我国生物质能发电产业体系已基本形成，无论是农林生物质发电，还是垃圾焚烧发电，规模均居世界首位。

近10年来，我国生物质燃料技术的应用和燃料的生产已初步形成了一定的规模。从2009年生物质燃料生产能力不足50万吨/年，每年以翻番的速度递增，到2013年，生物质燃料的生产能力已超过400万吨/年，生物质燃料设备生产企业近700家，生物质燃料主要用作农村居民炊事取暖、工业锅炉等。截至2013年年底，全国已有28个省市自治区开发了生物质发电项目，累计核准容量1.2万兆瓦，上网电量356亿千瓦时。2016年农作物秸秆固化成型工程合计1300多处，燃料年产量达653万吨；林业三剩物固体成型燃料年产量约250万吨，总计900万吨左右。

生物质能发电区域分布特征比较明显，主要受资源因素和各地区生产特性的影响，燃料资源丰富的地区生物质能发电项目规模效益较高，有利于降低成本。分地区看，生物质能发电装机主要集中在华东地区，并网容量达3514.84兆瓦，占全国总装机容量的45.12%，居全国首位。华中地区、南方地区分别以1438兆瓦和1096兆瓦位列全国第二、第三位。

自2010年起，我国的生物质发电项目的数量一直快速上升。由于领先的公司积极扩张，市场集中程度亦逐渐提升。当前，行业领头羊是凯迪新能源及国能能源有限公

❶　http：//www.china-nengyuan.com/news/112601.html.

司，两者装机容量合计超过总装机容量的 1/3；同时，存在大量规模较小的市场参与者，以及一批新的行业进入者。其中，凯迪新能源主要雄踞华南地区，而国能能源有限公司则主要布局在华北地区。从事环保和厨卫行业的长青集团作为新晋黑马，更是从 2015 年 9 月起在 5 个月内跨界投资了 6 个生物质发电项目。

2. 山东省生物质能产业

山东省是农林业大省，生物质能资源量大面广。据不完全统计，全省农作物秸秆、林木剩余物、畜禽粪便、垃圾等生物质能资源折合标准煤约 14700 万吨。考虑到资源收集、运输损失以及其他途径利用等因素，全省生物质能资源可供能源化利用量折合标准煤约 4500 万吨。

山东省农作物秸秆、生活垃圾、畜禽粪便等各类生物质能资源呈现因地制宜、多元化利用态势。生物质能发电走在全国前列，发电技术达到国际先进水平，沼气、成型燃料等生物质能综合利用成效显著，山东龙力成为山东省首家也是全国第五家拥有燃料乙醇定点生产资格的企业，以秸秆、玉米芯等为原料的功能糖产业居世界前列。寿光、文登等 7 个国家首批绿色能源示范县（市）建设稳步推进，农村能源生产、消费、运营、管理、服务体系逐步完善。2006 年，国内第一个以玉米秸秆为主要燃料的生物质发电项目落户菏泽单县。截至 2015 年年底，山东省各类生物质能发电装机容量达到 153.2 万千瓦，居全国首位，2015 年全年完成发电量 76.9 亿千瓦时。2016 年，山东全省农作物秸秆总量约为 8527 万吨，综合利用量 7482 万吨，综合利用率 87.7%，重点区域达到 90% 以上。其中机械化粉碎还田后肥料化利用占 62.9%，青贮氨化等饲料化利用占 19.9%，生物质发电、大型沼气和热解气化燃料化利用占 7.5%，基料化利用发展食用菌占 4.6%，造纸等原料化利用占 5.1%。山东省初步形成了农用为主、五化并举的秸秆综合利用格局。2016 年，山东省承担了国家农作物秸秆综合利用试点项目，中央财政投入资金 8000 万元，带动地方财政和社会资本投入 8900 万元，在 7 个县（市、区）开展了试点。

《山东省新能源和可再生能源中长期发展规划（2016～2030 年)》中指出，以生物质能资源的能源化循环利用和清洁利用为重点，坚持因地制宜、多元发展，宜电则电、宜热则热、宜气则气，推动生物质能资源规模化和市场化开发，提高综合利用水平和效益。力争到 2020 年、2030 年，生物质能年利用量分别相当于替代 515 万吨标准煤、1010 万吨标准煤。

四、锂离子电池产业

锂离子电池以碳素材料为负极，以含锂的化合物为正极，具有体积小、容量大、重量轻、无污染、能量密度高、自放电率低等特点，是公认的高端、新型电池产品，被广泛应用于手机、笔记本电脑、电动玩具、照相机以及电动汽车、摩托车启动电源等产品中。

1. 锂离子电池产业整体状况

锂离子电池是新能源汽车的核心部件，是汽车动力的来源，也是制约电动汽车发展的瓶颈，锂离子电池性能的好坏将直接决定电动汽车的续航里程、安全性能。从新能源汽车的成本来看，锂离子电池成本相对整车环节占 42%，因而，诸如原材料、价格成本、电池容量、能量密度、安全性和寿命等新能源汽车锂离子电池的关键因素已成为社会和舆论关注的焦点和热点。

由于整个二次电池的产业链几乎已经转移至亚洲，在中国、日本、韩国相继扩大生产的背景下，锂离子电池市场目前已经形成了稳定的中韩日三国鼎立格局。如图1-4所示，2016年，中国、韩国、日本三国占据了全球锂离子电池电芯产值总量的98%。日本锂离子电池产业的发展偏重于动力电池，其国内动力型锂离子电池份额已经超过消费型锂离子电池，占据优势地位，竞争策略上关注技术领先。韩国锂离子电池产业与其本国三星、LG等消费类电子产品制造厂商紧密联系，其更偏重于消费型锂离子电池的发展，消费类电子产品锂离子电池仍占据其产量的较高份额。

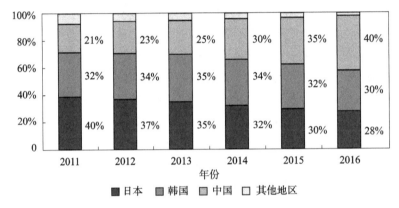

图1-4　2011~2016年全球锂离子电池产业区域结构❶

如图1-5国家统计局数据显示，从2010年到2012年，我国锂离子电池年产量由25.1亿只猛增至41.8亿只，2012年增速高达36.2%。然而从2013年开始，我国锂离子电池产量增速陡然下降。2013年我国锂离子电池产量攀升至47.7亿只，但同比增长仅为14.1%，增速较2012年下降了22个百分点。尽管2014年的增速开始趋稳，产量也首次突破50亿只，但进入2015年后增速明显下降，甚至一度出现了负增长，全年产量增速仅为3.1%，这是自我国锂离子电池实现产业化以来的最低增速。进入2016年后，在手机、电动汽车等主要应用产品产量快速增长的带动下，我国锂离子电池产量重新呈现高速增长态势。2016年我国锂离子电池累计产量达到78.4亿只，同比增长40%，增速创下2010年以来的新高。

锂离子电池产业链经过近20年的发展已经形成专业化程度高、分工明晰的产业链体系，上游为锂离子正负极材料、电解液、隔膜、其他材料和生产设备制造商，中游为锂离子电池和电池模组厂商，下游应用市场包括消费型产品、动力型产品和储能型产品等。

我国锂离子电池生产呈现区域集群的格局，其中泛珠三角区域、泛长三角区域为我国锂离子电池的主要生产区域。京津冀区域也曾作为我国锂离子电池的重要产地之一，此外部分中部省市近年来产量增长较快。

---

❶　http://www.sohu.com/a/163945563_768722.

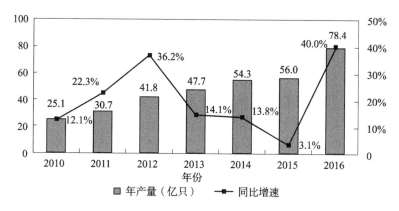

图 1-5　2011～2016 年我国锂离子电池产量和同比增速

2016 年，松下以 11.50% 的市场占有率位居全球锂离子电池电芯市场的龙头地位，其次是 LG 化学，市场份额为 10.37%；位列第三的三星 SDI 市场占有率为 8.66%，比亚迪、ATL 分列第四、第五位，市场份额分别为 7.85%、6.31%。全球前六大锂离子电池企业合计市场份额达到 51.23%，锂离子电池行业凭借较高的技术壁垒和较强的规模优势呈现较高的市场集中度。

2. 山东省锂离子电池产业

近年来，山东枣庄大力培育和发展新兴产业，以锂电新能源产业为主导的产业集群逐步成为枣庄转型发展的新引擎。枣庄高新区已拥有锂电新能源企业 28 家、产品 160 多种、年产值 60 多亿元，涵盖锂电材料、锂电池、电子系统等产品，形成了比较完整的产业链条。枣庄高新区已成为全国三大锂电产业生产研发基地之一，并被确定为全国青少年节能环保教育基地、山东省锂电产业聚集区和车用动力电池产业化示范基地。山东海特电子的锂电池产品 75% 出口到美国、澳大利亚、欧洲等地；山东润峰电子科技有限公司目前在深圳、上海、北京以及美国、加拿大、德国等地设有多处研发中心，该公司的充电桩等系列产品销往英国、新西兰、德国、瑞典、荷兰，在欧洲市场广受好评。目前，润峰已与荷兰 ECCTBV 等公司建立合作关系，为该公司产品持续销往国外打下了良好的基础。

《山东省"十三五"战略性新兴产业发展规划》中指出，发展新型电池和电控系统。重点发展锂离子动力电池、铅炭储能电池等高端电池，加快燃料电池、氢能电池等新型电池研发及产业化。积极推进高性能、高可靠性动力电池生产、控制和监测设备创新，提升动力电池工程化和产业化能力。鼓励采取自主创新与集成创新相结合的方式，加快研发突破新一代新能源汽车电控技术，推进"双 80 锂电池"集中式管理系统、电动大巴锂电池分布式管理系统、电动乘用车整车管理系统的商业化。

五、核能产业

核能是通过转化其质量从原子核释放的能量，核能的释放主要有三种形式：核裂变、核聚变、核衰变。从全产业链上来看，核电在燃料生产（铀矿开采、提炼、运输、纯化、转换、浓缩、组件加工等）、入堆使用、乏燃料后处理（水池贮存、运输、处置、剩余燃料提取和再使用、高放物质永久性地质储存等）的闭循环中，对环境排放的物质很少。

1. 核能产业整体状况

从 1954 年苏联第一台民用核电站开始，核电在发达国家得到快速的发展，特别是 20 世纪七八十年代，现在在发展中国家也得到了应用。目前全球 31 个国家和地区有 448 台核电机组在运，总装机容量 4 亿千瓦，占到世界发电量的 10% 左右，高峰时候曾经达到了 16% 的电量。现在还有 16 个国家和地区 57 台机组正在建设，总装机容量接近 6000 万千瓦。西方发达国家核电的装机水平明显高于世界平均水平，约一半机组集中在美国、欧盟国家。

从全球来看，中国已经超越日本成为仅次于美国和法国的第三大核电发电量的国家，但从国内来看，核电在整个中国发电结构中的比例依然极小。我国是世界上少数拥有比较完整核工业体系的国家之一。2007 年国务院正式批准国家发改委上报的《国家核电发展专题规划（2005 ~ 2020 年）》，这标志着我国核电在 21 世纪进入新的发展阶段。至今为止，我国的核电建设已逾 10 年。2014 年，两会政府工作报告中提出"开工一批核电"，大大推进了因日本福岛核电事故搁置的核电建设，相关配套产业也随之迎来新的发展机遇。截至 2017 年年底，中国已经运营机组 37 台，在建机组 19 台，分布在我国东南沿海的 8 个省份。2017 年总发电量 2474 亿千瓦时，比 2016 年同比增长 17%，但仅占全国统计发电量的 4%。

从技术水平看，我国核电的自主技术已经取得突破，装备的制造水平持续提升，AP1000 技术消化吸收基本完成，依托项目很快可以投产。自主化三代核电技术开工建设，目前已经有 10 台三代压水堆机组在建，我国已经进入三代技术的时代。具有第四代安全特征的高温系统示范项目也正在建设，先进的小堆技术正在稳步推进。

中广核、中核、国电投平分中国核电运营市场。据统计，2015 年年底中国核电在运机组数量进入世界前五，在建机组 24 台，位居世界第一。据相关数据统计，截至 2017 年 2 月底，中广核在运机组共 19 台，在建机组 9 台，装机容量分别为 2038 万千瓦和 1136 万千瓦；截至 2016 年年底，中核控股在运机组共 14 台，装机容量 1151.2 万千瓦，控股在建机组 11 台，装机容量 1211.6 万千瓦；国电投 2016 年年底核电装机容量 447.52 万千瓦。

2. 山东省核能产业

山东核电有限公司成立于 2004 年 9 月，隶属于国家电力投资集团公司，由国家核电技术公司控股，是国家引进第三代核电技术 AP1000 依托项目——山东海阳核电项目的业主单位，全面负责项目前期开发、设计建造和运营管理。2016 年烟台核电研发中心成立，烟台核电产业从无到有、由小到大，着力抢占核电产业发展科技制高点，打造技术研发和产业示范基地。山东烟台在推进海阳核电项目建设的同时，培育出莱山、海阳两个省级核电产业园以及一批具有国内领先水平的核电装备制造骨干企业，在环渤海地区形成了明显的核电产业先发优势。烟台市核电配套体系初具规模，在核电主管道、海水循环泵叶轮制造、核电安全壳、核岛制冷设备等领域具备研发及生产能力。同时，烟台市与多家核电领域企业合作，在新能源与节能环保产业、核电装备制造与技术研发等方面展开全面合作。

《山东省新能源和可再生能源中长期发展规划（2016～2030年）》中指出，今后一个时期，应积极稳妥、高效安全地推进核电发展。一是安全稳妥推进海阳核电一期工程、荣成石岛湾高温气冷堆示范项目建设，2018年年底前建成投产。二是推进海阳、荣成两大核电厂址后续项目相关工作，争取早日开工建设并建成投运。三是加强潜在核电厂址资源的勘探和保护，适时启动沿海第三核电厂址前期工作。规划到2020年，核电装机规模达到270万千瓦；到2030年，核电装机规模力争达到2065万千瓦左右。

第二节　研究目的与研究内容

一、研究目的

随着常规化石能源的不断消耗，新能源的开发和利用成为当今世界密切关注的焦点。我国在新能源方面也积极出台了相关政策并制定了详细的发展规划，山东省积极贯彻国家的政策措施，相应制定了具有地方特色的发展规划，在规划中提到要顺应新能源技术应用系统化、模块化、分布式方向，优化风能、太阳能布局，推动生物质能的推广应用，把握全球新能源汽车轻量化、智能化的科技发展趋势，重点发展锂离子动力电池研发及产业化，积极稳妥、高效安全地推进核电发展，助力"生态山东"和"绿色山东"建设。专利是研发活动的结果，又是产业化的技术源头，一定程度上表征了区域科技成果转化的潜力，是衡量技术创新能力的合理指标。因此，综合考虑当前新能源产业发展现状和山东省资源优势，我们选择太阳能、风能、生物质能、锂离子电池和核能进行相关专利分析研究，分析上述几个产业在国内外及山东省的专利分布态势及发展趋势，掌握相关领域主要申请人的研发动态，对比山东省与其他标兵省份的相关专利申请情况，找出优势和差距。

为了更深层次地对专利信息进行挖掘，本书采用宏观数据分析和对重点样本深入分析相结合的研究方式，对新能源各产业专利数据的定量分析采用以下维度：第一，各产业全球、全国、主要省份的专利申请趋势；第二，申请人分布概况、主要申请人、主要申请人专利有效情况；第三，主要申请人专利技术分布情况。为了进行深入的比较分析，本书还采用了样本分析，选择了专利申请量较多的省份，对其新能源产业专利情况进行了全方位的分析对比，从而得出针对山东省企业专利发展布局方面的一些结论。

二、技术分解

根据不同的研究目的，新能源产业在业界具有不同的分类方式，对于专利信息分析来说，客观上同样要求在明确的技术分类和清晰的技术边界之下进行。只有明确了新能源产业分类，才可能有针对性地进行研究和分析；同样，只有了解了清晰的技术边界，才可能将属于新能源的专利技术从海量的专利技术文献中检索出来，并作为分析的数据基础。经过前期的技术和产业现状调研，对新能源产业有了全面的认识。在此基础上，结合山东省新能源发展情况及专利申请量，最终形成了新能源产业技术分解表（见

表1-1）。本技术分解表同时兼顾了行业标准、习惯与专利数据检索、标引二者的统一。

表1-1　新能源产业技术分解

	一级技术分支	二级技术分支
新能源产业	太阳能产业	太阳能光发电
		太阳能热利用
	风能产业	风力发动机
		控制系统
		其他零部件
	生物质能产业	生物质供热设备
		生物质燃烧设备和方法
		生物质燃料制备
	锂离子电池产业	电极
		电解质
		隔膜
		电池设计及成组技术
	核能产业	—

三、数据检索和处理

综合分析各数据库的特点，本书的中国专利数据检索范围涵盖于 S 系统的 CNABS 数据库，全球专利数据检索范围涵盖于 S 系统的 VEN 数据库。为确保检索获得的专利数据准确、完整，尽量避免系统偏差和人为误差，本书的检索策略主要为：①选用 S 系统的 VEN 数据库检索全球数据；②选用 S 系统的 CNABS 数据库检索中国专利数据；③采用分类号、关键词和 CPY（公司代码）、申请人等相结合的方式进行检索；④对检索结果及时分析，并采用适当方式去噪。

本书检索时间截至公开日 2017 年 12 月 1 日，其中对于 2017 年以后的专利申请数据采集不完整，报告统计的专利申请量比实际的专利申请量要少，这是由于部分数据在检索截止日之前尚未在相关数据库中公开。例如，PCT 专利申请可能自申请日起 30 个月甚至更长时间之后才进入国家阶段，从而导致与之相对应的国家公布时间更晚；国内发明专利申请通常自申请日（有优先权的，自优先权日）起 18 个月（要求提前公布的申请除外）才能被公布；实用新型专利申请在授权后才能获得公告，其公告日的滞后程度取决于审查周期的长短等。

四、专利术语

（1）件：在进行专利申请数量统计时，如为了分析申请人在不同国家、地区或组织所提出的专利申请的分布情况，将同族专利申请分开进行统计，所得到的结果对应于专利申请的件数。

（2）专利申请量：专利申请的数量可以是每年的申请量、各申请人的申请量、各国家/地区的申请量等，以项或件为单位。

（3）全球申请：申请人在全球范围内的各专利局的专利申请。

（4）国内申请：申请人在中国国家知识产权局的专利申请。

（5）PCT：全称为专利合作协定（Patent Cooperation Treaty），是专利领域的一项国际合作条约，主要涉及专利申请的提交、检索及审查，以及其中包括的技术信息的传播的合作性和合理性的一个条约。

（6）专利申请类型：包括发明、实用新型、外观设计和PCT。本书主要涉及发明、实用新型与PCT专利3种。

（7）申请人类型：包括企业、高校、个人和合作4种类型，其中高校申请人包括大学和科研院所，合作申请人包括企业、个人、高校之间的相互合作。

（8）申请人：指提出专利申请的单位或个人。需要说明的是，为了清楚地显示出主要申请人的分布情况，将申请人的名称进行简写。

（9）发明人：指对该件专利的技术具有贡献的人。

（10）结案量：指撤回、驳回、授权专利的总数量。

（11）授权量：已授权的专利申请的数量。其中又可分为授权后有效的数量和授权后失效的数量。

（12）技术主题：指专利涉及的主要技术内容。

（13）技术功效：指某一专利文献所解决的技术问题以及产生的技术效果，根据标引的技术功效进行统计。

（14）专利法律状态：通常包括撤回、驳回、授权、审查中，授权类型中又可分为授权后有效、授权后失效，而授权后失效涉及因费用终止、期限届满、无效宣告；另外授权专利还可能涉及诉讼。

（15）授权有效率：专利授权后维持有效的数量占授权总量的百分比。

第二章 新能源产业整体状况

第一节 全球专利申请状况

一、全球专利申请趋势

为研究新能源产业技术发展阶段，针对全球范围内专利申请数据进行统计，获得专利申请量随时间变化趋势，如图2-1所示。可以看出，新能源产业全球专利申请量整体呈现稳步上升态势。1942年第一件新能源产业专利申请出现；1942~1955年相关技术专利申请量较少，新能源产业研究处于起步阶段；1956~2002年得益于各国专利制度的不断完善，专利保护意识不断增强，专利申请量缓慢增长，虽然新能源产业尚处于研发探索阶段，但已初步形成产业化基础；自2003年开始，由于全球各主要国家能源政策及市场需求的刺激，专利申请量进入快速增长阶段，相关技术专利申请量大幅上升；2013年以后专利申请量仍然较高，但有所回落，一方面由于国外相关技术相对比较成熟，专利申请热度减缓；另一方面由于近几年的专利申请数据未完全公开，导致图表中出现明显下降。

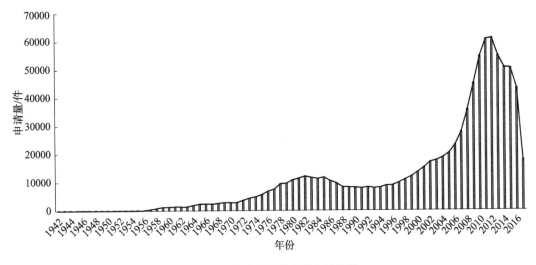

图2-1 全球新能源专利申请趋势

二、全球专利申请区域分布

为研究新能源产业全球专利申请的区域分布情况，针对专利申请数据的申请来源国家/地区进行统计，从而可以分析各个国家/地区在新能源产业的技术实力和研发活跃程度。如图 2 - 2 所示，中国新能源专利申请数量最多，以 220418 件专利申请排名第一，约占全球申请总量的 25%；日本紧随其后，相关专利申请达 200647 件，约占全球申请总量的 25%；中国和日本的专利申请量总和占该产业专利申请总量的一半以上；美国和韩国分别以 102730 件、69127 件专利申请位居全球第三、第四。虽然我国新能源产业的专利申请量较高，但是我国新能源产业发展起步较晚，并且专利布局主要在国内市场，国外市场占有率不足，因此我国需要注重技术创新，提高高价值专利占有率，逐步实现从新能源产业专利申请大国到新能源产业专利强国的跨越。

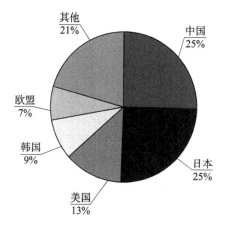

图 2 - 2　全球新能源专利申请区域分布

第二节　中国专利申请状况

一、中国专利申请趋势

近年来，我国新能源产业市场需求旺盛，国产产品供不应求，在国内市场需求的带动下，国内新能源产业已进入快速发展期，专利申请量还将继续增加。图 2 - 3 为中国

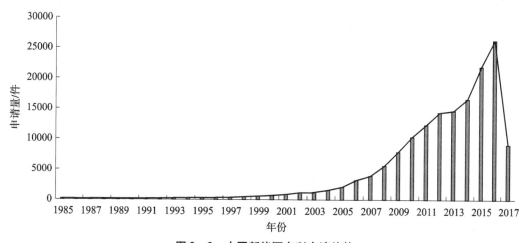

图 2 - 3　中国新能源专利申请趋势

新能源产业专利申请变化趋势图。

从图 2 - 3 可以看出，我国新能源产业专利申请变化趋势与全球专利申请变化趋势基本一致。中国在新能源产业专利布局较晚，2000 年以前一直处于零星申请状态，直到 2001～2002 年才开始出现缓慢而稳定的专利申请，2002 年专利申请量累计 261 件，这一阶段我国新能源产业取得了一定的进步，但是发展相对缓慢，新能源产业规模尚未形成，并且通过专利手段保护技术研发的意识相对较弱。

2003 年开始，我国新能源产业的专利申请量进入快速增长期，这与我国出台的一系列鼓励、扶持新能源产业发展的产业政策休戚相关，2005 年"十一五"规划建议中明确指出"加快发展风能、太阳能、生物质能等可再生能源"。我国 2009 年清洁能源投资额首次超越美国，达到 391 亿美元，2010 年以 544 亿美元继续领先世界，将新能源产业确定为战略性新兴产业之后，我国新能源产业相关企业如雨后春笋般迅猛增长，新能源产业的专利申请量呈现大幅增长。

2012～2014 年新能源产业专利申请量增速减缓，特别是 2012 年我国新能源产业风光不再，极大程度上受到之前盲目扩张所带来的产能过剩后遗症的影响，产品质量问题、白热化的价格战、贸易壁垒以及国家货币政策趋紧等一系列因素耦合作用，使新能源产业整体盈利水平大幅下滑，行业内呈现出关、停、并、转的优胜劣汰格局，新能源产业进入低谷时期，这一阶段专利申请量增速出现较大幅度回落。

然而国家大力支持新能源产业发展的决心并没有改变，积极出台了包括光伏、风电等在内的多项有利于行业可持续发展的产业政策及行业标准，并在 2012 年召开的党的十八大中将生态文明建设提至新的高度，在中国能源政策方面直接提出至"十二五"末，非化石能源的消费占一次性能源消费的比例要达到 11.4%。2014 年我国新能源行业在经历之前的波折后开始反弹，显现复苏的迹象，新能源产业的专利申请量也大幅增加，进入高速发展阶段。这反映出我国国民经济的发展与技术研发的相互促进作用，知识产权制度的发展和完善使得越来越多的创新主体申请专利，对其创新成果寻求法律保护。

中国新能源产业专利申请的申请来源国分布数据表明，90% 的专利申请为国内申请，美国占 2.1%、日本占 1.9%、德国占 1.4%，国外申请人在新能源产业的专利申请还未呈现大量涌入态势，国外方面的竞争力度相对较小。但同时也要注意国内相关技术水平相对落后，为了占有更多市场份额，国内企业在提高技术水平的同时，也要加强对知识产权的重视，通过专利分析等手段了解国内外专利申请现状、专利布局和专利技术空白，以便找到适合自身的发展方向，同时在开拓国外市场时也要做好充分的专利预警工作。

二、中国专利申请区域分布

基于我国各省新能源产业的专利申请量，图 2 - 4 展示出国内新能源产业中专利申请量排名前十位的省市。我国新能源产业专利申请量总体上呈现东高西低的态势。专利申请量最大的省市是江苏省，专利申请量累计 20798 件，其次为广东省和北京市，专利申请量分别为 16437 件、13892 件，山东省以 11216 件专利申请量排名第五。在东部地区传统能源相对匮乏的条件下，发展新能源解决能源瓶颈问题的动力比较充分，同时东部地区在新能源产业具有较丰富的研发资源，而政策和资源是影响新能源产业聚集度的重要因素，依托区域产业政策、资源禀赋和产业基础，长三角、珠三角、环渤海等沿海城市新能源产业发展迅速，产业集群化分布特征较为明显。

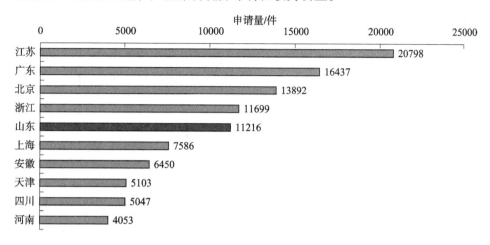

图 2 - 4　中国新能源专利申请区域分布

第三节　山东与江苏、广东专利申请对比

一、三省专利申请趋势

图 2 - 5 为山东省与江苏省、广东省新能源产业专利申请趋势。可以看出，三省的申请量整体变化趋势与国内整体申请量变化趋势基本一致。

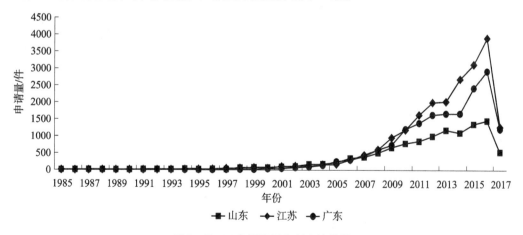

图 2 - 5　三省新能源专利申请趋势

江苏省是我国新能源产业专利申请量排名第一的省份，也是我国光伏产业完备程度最高、企业数量最多的省份，在太阳能产业优势明显。2013 年后江苏省新能源产业走

出发展低谷期，产业结构不断优化，产业聚集态势明显。江苏省在新能源产业的快速发展，得益于其集中资源重点发展的发展策略，强调产业链上下游的完整度，同时，注重行业龙头企业的引领和支撑作用，发挥产业集中优势，确保全行业的健康发展。常州天合、苏州阿斯特等光伏企业一直保持强劲的发展态势，华锐风电、金风科技等风电龙头企业纷纷在江苏省投资建厂，在龙头企业带动下，一大批为龙头企业配套的特色企业也苗壮成长。

专利申请量全国排名第二的广东也具备强大的研发实力。近年来，广东省在风电、太阳能、核电产业方面也取得了显著成效，形成了以明阳为代表的知名风电企业，风电设备制造产业已有相当规模；光伏发电产业形成了从电池组件、光伏生产装备制造到相关配套系统的完整产业链，典型企业包括拓日、爱康等；核电产业也聚集了从事设计研发、设备制造、性能验证的较为完善的产业链，支撑广东核电装机容量占据全国近60%的份额。

山东省专利申请量全国排名第五。山东省新能源资源丰富，海岸线长度位居全国第四，太阳能光照条件较好，具备新能源产业加速发展和大规模应用的优越条件。山东省共有14个项目被列为国家"金太阳"示范工程项目，力诺、皇明等成长型企业成立太阳能行业联盟，通过实施联盟标准，不断提高产品质量水平。与江苏省、广东省相比，山东省2007年以后的专利申请量增速明显变缓，因此，山东省应该加强与广东省、江苏省等新能源产业发展先进区域之间的合作，吸收它们先进的新能源产业发展经验。

二、三省专利申请类型

从表2-1来看，江苏省和广东省的实用新型和发明专利申请占比接近1:1，而山东省的实用新型申请数量多于发明专利申请。在海外专利布局方面，3个省份的PCT专利申请均较少，其中广东省以72件PCT专利申请显著领先其余两省，可以看出广东省相对更加重视在全球范围内的专利布局，加强企业在海外竞争优势。山东省目前仅有10件PCT专利申请，均为太阳能产业方面的专利申请。由此可见，山东省新能源产业通过PCT进行海外专利布局的水平较低，在国际专利申请方面意识严重不足，海外专利运营保护有待完善。因此，山东省应加大新能源产业PCT国际专利申请量，提高国际竞争力，助力我国新能源产业走出国门。

表2-1 三省新能源专利申请类型　　　　　　　　　　　单位：件

省份	PCT	发明	实用新型
江苏	18	10394	10386
广东	72	8725	7929
山东	10	4301	6963

三、三省专利申请人类型逐年变化趋势

图2-6为山东省与江苏省、广东省新能源专利申请人类型占比逐年变化趋势。从3

个省份的横向对比来看，2003 年以前，3 个省份的新能源专利申请主要以个人申请为主，特别是山东、江苏两省的个人申请占总申请量的近4/5，这主要由于 2003 年以前新能源产业整体申请量较低，企业关注度不足，尚未形成相应的生产规模。2003 年以后随着国内新能源相关政策扶持力度的加大，从事新能源产业的企业数量明显增多，随之相关企业专利申请量也得到迅速增长，截至 2017 年，新能源产业中企业申请已成为专利申请主力军。

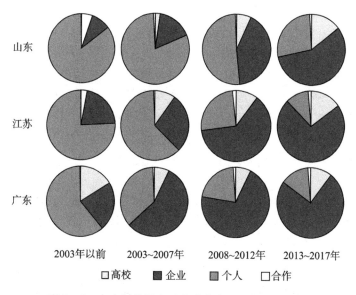

图 2-6 三省新能源专利申请人类型逐年变化趋势

从申请人类型占比逐年变化可以看出，江苏省专利申请从个人申请为主发展到企业申请为主的态势最为突出，这与江苏省新能源产业发展政策较为完善、区位优势明显有很大关系。江苏省新能源产业基础较好，发展新能源产业的综合配套条件较为优越，现已成为中国光伏和海上风电的核心区。由于江苏省的先天优势和后天积极战略，江苏省实现了产业集群发展的新能源产业高地，在此基础上，江苏省龙头企业支撑作用明显，在技术创新、设备研发、系统完善方面发挥巨大作用。

山东省专利申请从个人申请为主发展到企业申请为主的态势也比较明显，2007 年以前山东省新能源产业的主要申请类型均为个人申请，个人申请量占总申请量的4/5，而2008～2012 年企业申请量迅速增加，个人申请量占比降低至1/2，2013～2017 年企业申请量继续增加，且远超过个人申请量，占总申请量近的3/5。而江苏省和广东省的主要申请人类型比例在 2007 年以后就已经基本保持稳定状态，相比之下，山东省新能源产业化进程相对滞后。

在高校申请方面，山东省、江苏省的高校申请占比逐年增加，而新能源产业中还有很多方面涉及科学前沿，因此山东省应当加强高校与企业间的合作，加大科研成果产业化的力度，加快新能源产业的发展。

四、三省新能源各分支产业占比逐年变化趋势

为进一步分析三省在不同阶段新能源产业专利申请侧重情况，图2－7给出了山东省与广东省、江苏省的新能源产业各分支产业逐年占比的变化趋势。山东省和江苏省各分支产业占比及发展变化趋势较为相近，其中太阳能产业一直都保持较高的专利申请量，是新能源产业里最主要的专利申请构成。其中江苏省的太阳能产业整体发展稳中趋缓，目前已形成苏南、苏中、苏北3个产业聚集区，以重点企业为主导形成了相应的产业联盟，建立了"研发中心—公共平台—设备检测—产业基地"四位一体的发展模式，为技术研发搭建平台，产业园的规模化、集约化协作配套优势明显。但同时也应看到太阳能产业虽然专利申请量远高于其他产业，但其增长量变化较小，技术相对达到比较成熟的状态，在传统技术基础上进行研发创新难度较大，应该着重探索新技术突破或者产品升级换代。山东省、江苏省锂离子电池产业虽然起步较晚，但专利申请量增长迅速，是5个产业中专利申请量增幅最显著的产业，锂离子电池产业专利申请量相对表现出较强的生命力，其技术尚未稳定，处于研发创新的上升阶段。

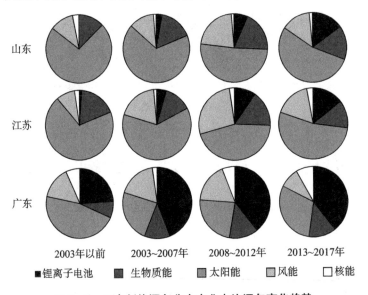

图2－7　三省新能源各分支产业占比逐年变化趋势

广东省产业结构与山东、江苏两省不同，2013年以前其太阳能产业专利申请量占总量的近一半，但随之锂离子电池产业专利申请量迅速增加，且此后成为主要专利申请量构成。广东省在锂离子电池产业方面起步较早，并且锂离子电池产业在新能源产业中一直占据绝对优势，而其他4个产业发展较为均衡。广东省锂离子电池产值占全国的近1/3，具有绝对优势，其中华南理工大学是国内最早从事锂离子电池研究及开发的单位之一，在相关产业的创新研究、核心技术开发、锂离子电池技术示范、锂离子电池技术产业化等方面取得了一系列高水平的研究开发成果，与企业合作的燃料电池商业化也取得了突出的成效。

因此，山东省应当根据自身优势，借鉴江苏省和广东省的发展经验，大力支持山东

省的太阳能等优势产业，同时积极引进广东省与江苏省其他产业的先进技术，实现各个产业的平衡发展。在着力发展传统产业的基础上，山东省新能源产业的发展要尽量避开竞争过热的产业链环节，根据自身的发展需要寻求新的发展方向，力争在相对不稳定的且发展潜力巨大的产业链上有所突破，抢占相关产业发展的制高点。

第四节　山东各市专利申请状况

一、山东专利申请区域分布

由于政策扶持力度、资源配置、经济发展情况的不同，山东省内各区域在新能源产业方面的专利申请量也有所不同。从图2－8中可以看出，青岛以2274件专利申请排名第一，济南紧随其后，申请量为2180件，其次是潍坊、烟台、德州和枣庄。从区域分布划分来看，青岛都市圈专利申请量最多，其次为济南都市圈。

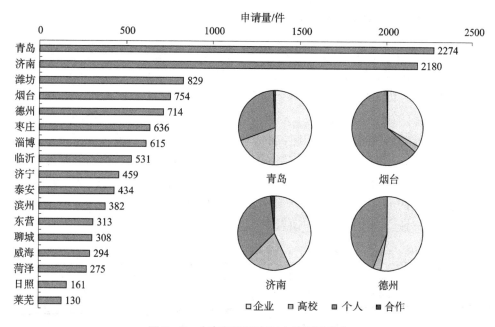

图2－8　山东新能源专利申请区域分布

青岛作为山东GDP排名第一的城市，其地理位置优越，处于沿海地带，是6个国家新能源示范城市之一，依托中国海洋大学、山东科技大学、中科院能源所等科研院所，加快推进新能源技术开发利用。2016年，青岛市30户新能源产业规模企业产值超百亿；青岛积极出台了各项有利于新能源发展的政策，大力支持重点技术研发与产业化、公共平台建设，提高可再生能源上网电价补偿；同时青岛市也积极扶持大型新能源企业，形成以龙头企业为主导、配套企业为基础、专业化分工为纽带、科技创新和科研人才为支撑的产业集群。青岛都市圈新能源产业专利申请量较多，潍坊和烟台分别有829件、754件专利申请。

济南是山东省省会，经济发展位于前列，山东大学的科研能力较强，贡献了较大数量的申请量。济南开发利用新能源起步较早，尤其是太阳能产业，以力诺太阳城为中心，以力诺、山东桑乐、华艺等太阳能企业为骨干，着力打造"太阳能特色产业基地"，研发了一批以高效太阳能光伏电池、晶硅原料提纯等为主的先进新技术。在济南都市圈中，德州、淄博、泰安专利申请量较大，莱芜、聊城专利申请量较少，其中莱芜新能源产业专利申请仅有 130 件。

从专利申请人类型构成可以看出，青岛、济南的企业申请较多，几乎占整个专利申请的近一半，这与青岛、济南的产业集群有着很大的关系，其产业化相对较明显。此外，这两个城市的高校申请也占有较大比例，依托高校较强的研发实力，有利于实现相关技术创新突破。相比之下，德州和烟台的高校申请较少，这与其高校资源配置有很大关系，德州的专利申请与烟台专利申请量相近，但其企业申请占比明显多于烟台，新能源技术产业转化相对较好，相比之下个人申请技术含金量较低，高价值专利较少，因而如何在鼓励创新发展同时提高专利质量是烟台亟待解决的问题之一。

二、山东各市新能源产业分布状况

图 2-9 为山东省各市新能源产业分布状况。从山东省整体来看，太阳能产业的专利申请量最多，占新能源产业专利申请总量的 56%。作为我国风能资源最丰富的地区之一，风电已成为山东省发展最快的新能源产业，其专利申请量占总量的 16%；山东省作为我国重要的粮食主产区之一，秸秆资源非常丰富，秸秆的综合利用率也很高，为山东省生物质能的发展利用奠定了坚实的基础，其生物质能产业的专利申请量占总量的 15%；随着新能源汽车及消费电子的快速发展，锂离子电池产业作为新兴产业也展现出了迅猛的发展势头，山东省在该产业发展上也取得了显著进步，其中锂离子电池产业专利申请量占总量的 11%；核电方面专利申请量整体上相对较少，占比 2%。山东省大部分城市的 5 个产业专利申请占比与山东省整体情况基本保持一致。

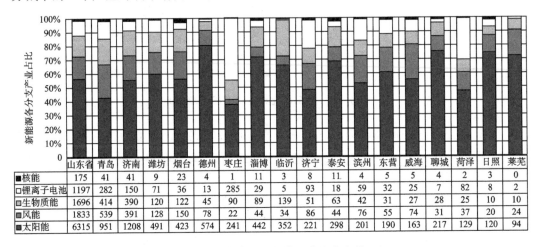

	山东省	青岛	济南	潍坊	烟台	德州	枣庄	淄博	临沂	济宁	泰安	滨州	东营	威海	聊城	菏泽	日照	莱芜
■核能	175	41	41	9	23	4	1	11	3	8	11	4	5	5	4	2	2	0
□锂离子电池	1197	282	150	71	36	13	285	29	5	93	18	59	32	25	7	82	8	2
□生物质能	1696	414	390	120	122	45	90	89	139	51	63	42	31	27	28	25	10	10
■风能	1833	539	391	128	150	78	22	44	34	86	44	76	55	74	31	37	20	24
■太阳能	6315	951	1208	491	423	574	241	442	352	221	298	201	190	163	217	129	120	94

图 2-9 山东省各市新能源产业分布状况

山东省是我国太阳能利用大省，太阳能产业发展起步早，从各城市的产业占比图中可以看出，太阳能产业是新能源产业专利申请量的主要组成。济南和德州是两个太阳能产业申请总量及占比均较突出的城市，这与产业聚集分布密切相关，其拥有力诺、山东桑乐等行业领军企业，形成了济南和德州两个太阳能核心产业基地，拉长光热和光伏两大产业链，实现光热、光伏产业协调发展。

枣庄新能源产业整体占比与其他城市略有不同，其锂离子电池产业专利申请量超过太阳能产业。枣庄作为全国三大锂电产业生产研发基地之一，其锂离子电池总成系统与电池管理系统的研究走在全国前列，枣庄的锂离子电池产业主要集中在高新区，并且专利保护、知识产权运营制度较为完善，已经建成了锂离子电池专利信息服务平台和锂离子电池类专利、产品交易信息服务平台，这为枣庄企业的持续有效发展奠定了坚实基础。

烟台核电产业专利申请量占比高于其他城市，经过近 10 年的发展，烟台已初步建立了集研发、制造、推广应用于一体的核电体系，烟台市核电装备企业占据山东核电装备产值 90% 的市场份额，是全省核电装备制造业支柱城市，拥有海阳核电装备制造产业园、莱山核电产学研聚集区，在环渤海地区形成了明显的核电产业先发优势。

第五节 小 结

本章通过专利申请量趋势、申请来源国统计，整体上分析了新能源产业专利申请的发展情况，中国新能源产业专利申请量位居全球第一，中国相关产业专利申请量持续增加，在专利申请数量占优的情况下，更要提升专利质量，积极拓展海外市场，做好专利布局及预警工作。

江苏省、广东省是新能源产业专利申请大省，相比之下山东省相关产业专利申请量有待提高，同时山东省的 PCT 专利申请较少，应加大 PCT 国际专利申请量，提高国际竞争力。在申请人类型方面，山东省在实现产业集群化的过程中，要借鉴江苏省、广东省的发展经验，在提高企业申请占比的同时，加快个人申请的专利成果转化，加大高校科研成果产业化的力度。

新能源产业作为山东省的重要发展产业，近年来，产业规模稳步提高，创新能力显著增强，政策环境不断优化，人才聚集效应凸显。青岛、济南具有一定的研发实力和经济基础，其专利申请量明显多于其他地区，在此基础上要不断通过优势企业强强联合、创新运营模式、破解专利运营模式等手段，丰富和夯实专利运营的脚步。

第三章　太阳能产业

目前，人类将面临实现经济和社会可持续发展的重大挑战，在有限资源和环保严格要求的双重制约下，发展经济已成为全球热点问题。而能源问题则更为突出，不仅表现在常规能源的匮乏不足，更重要的是化石能源的开发利用带来了一系列问题，如环境污染、温室效应均与化石燃料的燃烧有关。目前的环境问题，很大程度上是由于能源特别是化石能源的开发利用造成的。因此，人类要解决上述能源问题，实现可持续发展，只能依靠科技进步，大规模地开发利用可再生清洁能源。太阳能因其储量的"无限性"、存在的普遍性、开发利用的清洁性以及逐渐显露出的经济性优势，其开发利用是最终解决常规能源特别是化石能源带来的能源短缺、环境污染和温室效应等问题的有效途径，是人类理想的替代能源。当前，太阳能开发利用技术及其推广应用突飞猛进，全球太阳能电池的销量增加迅速，太阳能成为全球发展最快的能源。太阳能热水器也已形成行业，正以其优良的性能价格比不断地冲击燃气、电热水器市场；太阳能热电站也已商业化，是大型太阳能电站的希望所在；光电技术发展更快，表现在光电转换效率的不断提高、光电池制造成本的不断下降以及各种新型太阳能电池的问世。各国对太阳能的开发利用也给予了极大关注。

中国 2/3 的国土面积年日照小时数在 2200 小时以上，年太阳辐射总量大于每平方米 5000 兆焦，属于太阳能利用条件较好的地区。西藏、青海、新疆、甘肃、内蒙古、山西、陕西、河北、山东、辽宁、吉林、云南、广东、福建、海南等地区的太阳辐射能量较大，尤其是青藏高原地区太阳能资源最为丰富。在 2016 年出台的《可再生能源发展"十三五"规划》中明确指出要积极鼓励在电力负荷大、工商业基础好的中东部城市和工业区周边，按照就近利用的原则建设光伏电站项目。按照先示范后推广的发展原则，及时总结示范项目建设经验，扩大热发电项目市场规模，推动西部资源条件好、具备消纳条件、生态条件允许地区的太阳能热发电基地建设。在国家政策进一步加大扶持力度的背景下，我国未来太阳能产业的发展前景将更为广阔。

第一节　全球专利申请状况

一、全球专利申请趋势

经过检索，太阳能产业的全球专利申请多达 20 多万件，其趋势如图 3 - 1 所示。早在 1839 年，法国科学家贝克雷尔（Becqurel）就发现：光照能使半导体材料的不同部位之间产生电位差。这种现象后来被称为"光生伏打效应"，简称"光伏效应"。1954 年美国贝尔实验室研制出世界上第一块太阳能电池，从此揭开了太阳能开发利用的新篇章，之后，太阳能开发利用技术发展较快，特别是 20 世纪 70 年代爆发的世界性石油危机有力地促进了太阳能的开发利用。随着能源危机的持续加剧，全球各国开始对太阳能产业制定扶持政策，太阳能产业的发展进入快速发展期，2005~2012 年光伏行业的发展主要得益于欧洲市场的主导，2012 年至今主要由中国、日本、美国等新兴市场推动。

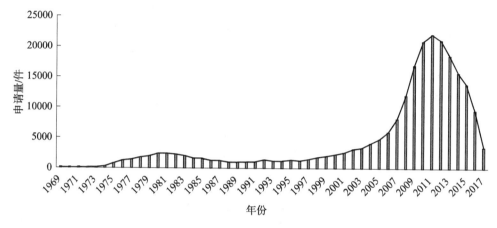

图 3 - 1　全球太阳能专利申请趋势

太阳能行业的发展状况可以大致分为 4 个阶段：

第一阶段（1969~1975 年），是太阳能产业的萌芽期。在这个时期，虽然每年都有专利申请，但是数量很少。太阳能的研究工作停滞不前的主要原因是太阳能利用技术处于成长阶段，且制造费用昂贵，效果不理想，难以与常规能源竞争，没有得到研究人员、企业及政府的重视和支持。

第二阶段（1976~1980 年），是太阳能产业的缓慢发展期。在这个时期，世界出现"能源危机"，在客观上使人们认识到现有的能源结构必须彻底改变，应加速向未来能源结构过渡。很多国家，尤其是工业发达国家加强了对太阳能及其他可再生能源技术的支持，在世界上再次兴起了开发、利用太阳能的热潮，太阳能的申请量较第一个阶段有了明显的增加。

第三阶段（1981~1991 年），是太阳能产业的低谷期。在这个时期，石油价格大幅度回落，太阳能产品价格居高不下，缺乏竞争力，太阳能效率低及成本高的瓶颈难以突破，动摇了科研人员开发利用太阳能的信心，研究工作受到了削弱。

第四阶段（1992 年至今），是太阳能产业的快速发展时期。1992 年，联合国在巴西召开"世界环境与发展大会"，会议通过了《里约热内卢环境与发展宣言》《21 世纪议程》和《联合国气候变化框架公约》等一系列重要文件，把环境与发展纳入统一的框架，确立了可持续发展的模式。这次会议后，世界各国开始加强对清洁能源技术的开发，将利用太阳能与环境保护结合在一起，并且出台了一系列对太阳能的扶持政策，研究人员和企业对太阳能应用的研究热情和积极性高涨，相关专利申请迅速增加。

二、全球专利申请区域分布

从图 3 - 2 来看，太阳能产业的区域性特征较为明显。由于欧盟、美国和日本等国家和地区经济发达，对能源消耗、环境保护、气候变化等问题也更为重视，因此较早便出台了各项政策鼓励太阳能发电的应用。而随着光伏发电成本下降和其他国家对太阳能发电的重视、推广，太阳能的开发与利用已在全球范围内进一步扩大，尤其是近年来我国出台了一系列的政策支持太阳能发电和太阳能产业的技术进步和规模扩张，从而使太阳能产业在中国迅猛发展，目前全球的太阳能产业主要集中在中国、日本和美国等地区。中国已经成为世界最大的太阳能产业国，中国太阳能产业的全球专利申请共计54629 项，总量位居全球第一，日本和美国的专利申请总量分别为48006 项和31792 项，分别位居全球第二、第三。

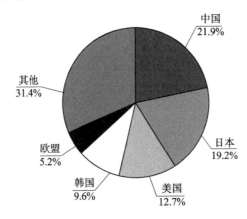

图 3 - 2 全球太阳能专利申请区域分布

三、全球主要申请人和主要发明人

从图 3 - 3 统计的全球申请人及发明人排名来看，全球太阳能专利申请的集中度相对较高，日本的申请人（三洋、夏普、松下、佳能及京瓷）在排名中占了一半，韩国申请人（LG、三星）和中国申请人（国家电网、海洋王）的占比相当，还有德国的一家企业（默克）也非常重视太阳能产业相关的研究；从申请人类型来看，全球排名前

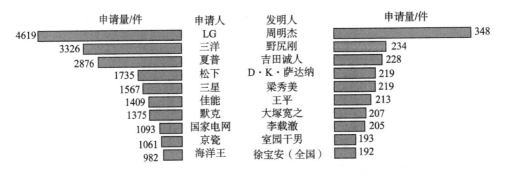

图 3 - 3 全球太阳能主要申请人和主要发明人排名

十位的申请人均为企业，反映出太阳能相关技术的研究已相对成熟，产业化程度较高。在全球排名前十位的发明人中，排名第一的为中国海洋王的周明杰，其余两位中国发明人分别为来自海洋王的王平和来自环能海臣的徐宝安，其他发明人主要集中分布在日本、美国、韩国，说明目前太阳能产业主要由中国、日本、美国等新兴市场推动。

第二节　中国专利申请状况

一、中国专利申请趋势

中国太阳能专利申请量年度分布如图 3-4 所示。

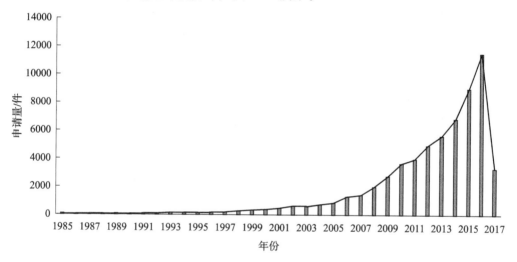

图 3-4　中国太阳能专利申请趋势

我国太阳能产业的发展大致分为 3 个阶段：

第一阶段（1985~1995 年），为缓慢发展阶段。我国太阳能产业的研究起步晚，并且受高成本、低效率等因素限制，太阳能产业发展缓慢，在此阶段专利申请量很少。

第二阶段（1996~2013 年），为快速发展阶段。1995 年国家计委、国家科委和国家经贸委制定了《新能源和可再生能源发展纲要》，推动了中国太阳能事业的发展；在 2000 年以后，我国启动了一系列太阳能扶持项目；在 2012 年，政府发布《太阳能发电发展"十二五"规划》；在 2013 年，国务院发布《关于促进光伏产业健康发展的若干意见》（"国八条"），并密集推出了其他一系列光伏产业相关政策以支持国内太阳能行业快速发展。以上措施带动了企业及科研人员的热情，促进了太阳能产业的快速发展，太阳能专利申请也逐年增长。

第三阶段（2014 年至今），为迅速增长阶段。由于前期政策的支持及 2016 年推出的《可再生能源发展"十三五"规划》推动了太阳能的迅猛发展，专利申请量出现爆发式的增长态势。2017 年专利申请量出现明显回落，其原因可能主要在于部分申请量在检索截止日之前尚未在数据库中公开，实际检索到的 2017 年提出的专利申请量比实际专利申请量要少，因此数据上存在部分偏差。

二、中国专利申请区域分布

太阳能专利申请的全国分布情况如图3－5所示。太阳能产业发达的省份主要集中于环渤海区域、长江三角区域的江苏省、华中华南地区的湖北省以及广东省等。目前，江苏省太阳能产业专利申请量位居全国之首，专利申请量达到10947件，具备了较好的产业基础。山东省也已具有了相对成熟的产业基地，专利申请量为6315件，位居全国第二。浙江省、广东省分别位于第三和第四。江苏省、浙江省和广东省申请量多，除拥有较多的高校和科研院所之外，三省都属于经济发达地区，创业资源环境好，拥有很多能源企业，专利意识强，同时国家对各高校和科研院所等研究机构的基础研究十分重视，因此，这些地区在区域创新上表现出很强的优势。山东省申请量多的原因除拥有较多的高校，如山东大学、中国石油大学等，还有一批太阳能热利用的领军企业，如力诺集团、皇明太阳能等，同时也得益于山东省政府对太阳能的大力支持与扶持，已建立起众多太阳能产业园区。总之，提高区域创新能力，不仅受到国家政策的影响，还需要当地政府采取有效的措施加大对基础研究的投入，在关注高校和科研院所技术创新的同时也要关注企业专利技术的创新，鼓励产学研结合的研究方式，加快对技术的产业转化，提高专利的利用率。

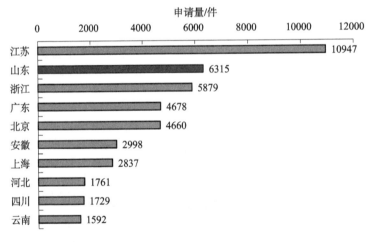

图3－5　中国太阳能专利申请区域分布

三、中国与山东主要申请人

图3－6列出了中国和山东省申请量排名前十位的申请人情况。在全国排名中，太阳能中国专利申请的绝大多数申请人都是企业和科研院校，排名靠前的均为企业，排名稍后的均为科研院校，说明国内太阳能在商业运用上已相对成熟，同时，企业及科研院校对太阳能进一步的研究热潮还将持续。在山东省申请量排名中，绝大多数的申请人为企业，且排名靠前，科研院校和个人占比少，且排名靠后，说明山东省太阳能的产业化程度较高，太阳能行业的研究主力为企业。从全国与山东省申请量排名的横向对比来

看，山东省的力诺集团与皇明太阳能分别位居全国的第三位和第四位，均是山东省太阳能行业的领军企业，并且力诺集团是我国太阳能行业唯一一家拥有完整产业链的集团公司，反映出山东省太阳能热利用的综合实力较强。但皇明太阳能、力诺集团与海洋王在专利的数量上相差较大，说明皇明太阳能和力诺集团需进一步加强专利意识，加快将科研成果转化为专利的速度，完善自身的专利布局。同时，山东省科研院校的申请量较浙江大学、东南大学的专利申请量也相差甚远，反映出山东省还需鼓励科研院校在太阳能前沿技术的研究，以利于太阳能产业的长远发展。

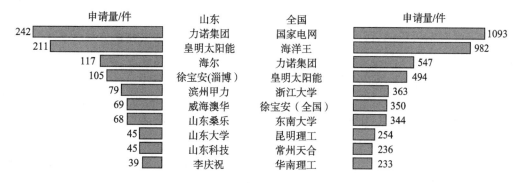

图3-6 中国与山东太阳能专利主要申请人

四、中国与山东主要发明人

图3-7给出了中国和山东省申请量排名前十位的发明人情况。在全国排名中，绝大部分来自企业，周明杰、王平、张振华和管榕均是来自海洋王的科研团队，徐宝安来自环能海臣，只有张立君和黄翔为来自科研院校的发明人。从山东省发明人的排名中来看，绝大部分来自企业，排名第一的是来自淄博环能海臣的徐宝安，徐宝安分别创建了北京环能海臣和淄博环能海臣，徐宝安总的专利排名在全国位居第三，黄鸣为皇明太阳能的重要发明人，只有李庆祝、董宜昌和冯益安为个人发明人。前十位中没有高校发明人，说明山东省的企业科研实力较强，而高校对太阳能方面的研究缺乏热情，山东省政府可以在此方面加强鼓励，以促进企业与高校研究的优势互补，互相促进，增强自身的整体实力。

图3-7 中国与山东太阳能专利主要发明人

第三节　山东专利申请状况

一、山东专利申请趋势

图 3 - 8 为山东专利申请的年份分布趋势图，整体来看，山东省的发展趋势与全国太阳能的发展趋势大体相同。山东省是我国太阳能热利用的大省，山东省太阳能产业发展独树一帜，既得益于国家政策的大力支撑，也在很大程度上与山东省对于太阳能发展的重视程度密不可分。近年来山东省相继出台了一系列推动太阳能市场发展的政策，2017 年山东省太阳能行业协会发布了《山东省太阳能"十三五"发展规划》（以下简称《规划》）。《规划》提出：2020 年山东光伏装机 10 千兆瓦时，其中光伏扶贫 3 千兆瓦时，"领跑者"基地 3 千兆瓦时，年均增幅 1.8 千兆瓦时。《规划》明确，"十三五"期间，山东省太阳能发展的总体目标为：实现太阳能产业综合实力进一步增强，产业结构进一步优化，产业技术水平显著提升，应用成本持续降低；建立太阳能产业技术创新和多元化应用体系，形成国际竞争优势；完善太阳能应用产业服务体系，为产业健康发展提供良好的市场环境，实现太阳能强省目标。

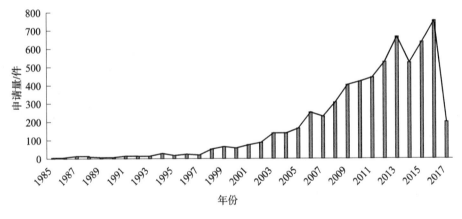

图 3 - 8　山东省太阳能专利申请趋势

二、山东专利申请区域分布

图 3 - 9 列出了山东省各市申请量，排名前五位的分别为济南、青岛、德州、潍坊和淄博。济南作为山东省的省会有着众多资源与优势，早在 2009 年"国家火炬计划太阳能特色产业基地"就已成功落户济南，该基地汇聚了包括力诺瑞特、力诺电力、华艺等在内的知名光热、光伏企业，形成了较为完整的太阳能光热、光伏产业链。济南还具有优质的科研资源，山东大学、山东科技大学等多所高校均坐落于济南，济南可以着重加强企业与高校间的合作，形成优势互补。青岛即墨市为 6 个国家新能源示范城市（园区）之一，青岛即墨省级高新技术产业开发区中建有青岛即墨太阳能产业园，并且青岛也具有优质的高校资源，如中国海洋大学、中国石油大学和山东大学青岛校区等高校，

青岛应充分利用自身优势，以产业园为依托，鼓励高校在太阳能方向的研究，促进产学研相结合。德州被誉为"中国'太阳谷'"，其拥有一整套世界太阳能热利用产品工业化生产体系，并且行业领军企业皇明太阳能也坐落于德州。从申请量看，德州、潍坊和淄博较济南和青岛还具有较大差距，三市应该鼓励太阳能发展，促进大中小企业融合，形成产业集群。

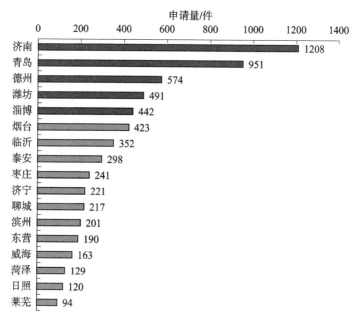

图 3-9　山东省太阳能专利申请区域分布

三、山东专利申请量排名前五市申请人类型对比

山东省太阳能专利申请量排名前五市的申请人类型占比，参见图 3-10。从图 3-10 中可见，济南的企业和个人申请相当，并且占比相对较高，高校占比较少，企业与高校间合作的占比微乎其微，反映济南的太阳能的产业化较高，大众对太阳能的研究热情高涨。青岛和德州的申请人类型中，企业申请占主导地位，企业与高校间没有合作申请，青岛的高校占比在五市中最多，青岛可以利用此优势，加强企业与高校间合作。潍坊和淄博的个人申请占绝对优势，企业和高校的占比较少，没有合作申请。统观五市的申请

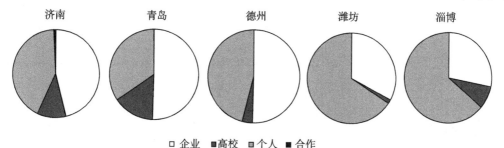

图 3-10　山东省太阳能专利申请量排名前五市申请人类型对比

人类型占比图,可发现个人申请都占有不少比例,各市企业可利用此优势,积极吸纳人才,让高质量的专利技术产业化,提高专利的利用率。同时,德州、潍坊和淄博的高校申请相对较少,这是由于三市的高校资源少,三市应该加大优质高校的建设,储备人才,同时可以加强自身名牌企业建设,鼓励企业对科研的投入,也可与外部的企业、高校合作,增强自身综合实力。

第四节　山东与江苏、浙江、广东专利申请对比

一、四省专利申请类型

图 3 – 11 和表 3 – 1 为全国申请量排名前四位的省份的申请类型对比,从发明的比例看,江苏省的发明专利占绝对优势,其发明在总申请量中占比为 42.5%,申请总量较山东省少的浙江省和广东省,其发明在总申请量的占比分别为 34.0% 和 41.4%。反观山东省,虽然山东省的申请总量在全国排名第二,但山东省的发明占比只有 29.1%,低于其他三省,说明山东省创新能力还需进一步提升,加大发明的申请量比例,增强其在国内的竞争实力。从 PCT 申请量角度来看,广东省 PCT 申请量最多,山东省与广东省的申请量的差距较为明显,反映出广东省科技创新能力较强,注重国际的专利布局,山东省应意识到海外专利布局的重要性和紧迫性,借鉴广东省的经验,提升自身的国际竞争能力。

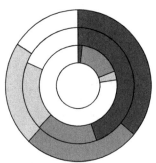

■ 江苏　■ 山东　■ 浙江　□ 广东

图 3 – 11　四省专利申请类型

注:从内到外依次为 PCT、发明和实用新型。

表 3 – 1　四省太阳能专利申请类型　　　　　　　单位:件

省份	PCT	发明	实用新型
江苏	1	4655	6291
山东	10	1839	4477
浙江	2	2001	3878
广东	44	1918	2719

二、四省专利法律状态

江苏、山东、浙江和广东四省的专利申请的法律状态如图 3 - 12 所示，四省的专利的法律状态大致相同，均是授权占主导。从图 3 - 12 中不难发现，山东省较全国申请量第一的江苏省无论是申请总量还是授权量均有较大差距，而较浙江省和广东省的申请量优势并不凸显，山东省应保持自身优势，加快科研成果的专利转化。对比四省审查中的专利数量可知，山东省的专利数量最少，江苏省最多，说明江苏省对太阳能的研发较为持续，山东省对太阳能的研发热情在近两年有所降低，山东省应当维持对太阳能的研发投入，促进科技创新，为后续专利的产业化做好准备。

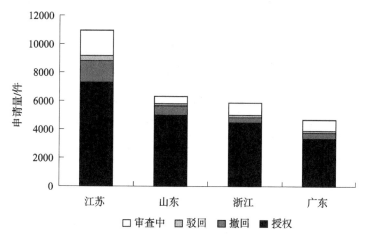

图 3 - 12　四省太阳能专利法律状态

三、四省授权专利有效率

如图 3 - 13 所示，在江苏省、浙江省和广东省的授权专利中，专利的有效率都已过半，其中广东省的授权专利有效率最高，只有山东省的授权专利有效率还未满 50%，在 4 个省份中最低。对比广东省与山东省的授权专利中的申请人类型，如表 3 - 2 所示，不难发现山东省授权有效率低一方面因为山东省的个人申请量很大，而个人申请的授权有效率却较低，导致整体授权有效率低；另一方面山东省企业的授权专利有效率较广东省低了大约 20 个百分点，且高校、合作的授权专利有效率也较低，这都拉低了山东省整体授权有效率。山东省专利整体质量不高，专利可产业化利用率较低，企业缺乏高质量专利的支撑，不利于山东省在国内的整体专利布局，山东省在维持自身授权量的优势下，可借鉴广东省经验，提升专利整体质量。但山东省也具有自身优势，山东省的个人申请量大说明山东大众对太阳能的研究热情高，山东省政府可鼓励个人自主创业，并加强企业与个人间合作，将高质量专利产业化，提高专利的利用率。同时，一部分个人申请可能来自一些民营小企业，山东省可以鼓励大中小企业融合，创建山东省的品牌企业，形成产业集群，将高质量专利转化为更大的商业价值。

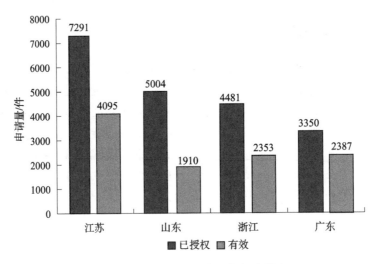

图 3 - 13   四省太阳能专利授权有效率

表 3 - 2   四省太阳能专利授权有效率

省份	申请人类型	授权专利量/件	有效专利量/件	比率
广东	企业	2220	1811	81.6%
	高校	351	263	74.9%
	个人	741	281	37.9%
	合作	38	32	84.2%
山东	企业	2021	1200	59.4%
	高校	324	156	48.1%
	个人	2649	550	20.8%
	合作	10	4	40.0%

四、四省专利申请技术主题

　　江苏、山东、浙江和广东四省在太阳能行业的技术主题如图 3 - 14 所示。四省的专利技术主要集中在分类号 F24J2（涉及太阳能热利用，如太阳能集热器），其中江苏省与山东省的申请量最多，其他技术方向，每个省的侧重点不同，在 H02S20（涉及光伏模块的支撑结构）、C08G61（涉及有机太阳能材料）、H02S40（涉及光伏模块结合的组件或配附件）和 H02S30（除涉及光转换以外的光伏模块的结构零部件）方向，山东省的申请量均为最少，尤其在 C08G61 方向，山东省专利申请只有几件；在 F24F5（涉及太阳能有关的空气调节系统或设备）方向，相较浙江省和广东省有优势。从上述分析可看出，山东省的主要优势集中在 F24J2，在 F24F5 方向申请也相对较多，在其他几个技术主题的投入较少，山东省可在保持自身优势前提下发展其他方向。在涉及 F24F5 的技术主题上，四省的专利申请量均不多，说明此技术主题的研发空间较大，且山东省较浙江省和广东省有优势，山东省可以加大此技术主题的研究投入，尽早在此技术主题上完善专利布局；在 C08G61 技术主题上，山东省的申请量甚少，而广东省此技术主题的申请较多，技术较发达，山东省可通过与广东省的企业、高校合作，引进人才等措施，填补本省此项技术的不足。在 H02S20、H02S40 和 H02S30 技术方向，山东省可综合借鉴其他 3 个省份的经验，多方向、多元化发展技术，扩宽太阳能领域的专利布局范围。

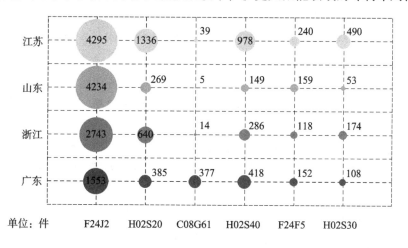

图 3-14　四省太阳能专利申请技术主题

第五节　重点专利及建议

山东省的专利申请主要集中在 F24J2 方向上，山东省应继续保持自身在该方向上的优势，山东省的龙头企业力诺集团，该企业的专利申请也主要集中在 F24J2（如图 3-15）。经检索发现，力诺集团在此方向上的基础、重点专利较少，而在此方向上，中国科学院工程热物理研究所的科研实力较强，具有高价值专利。

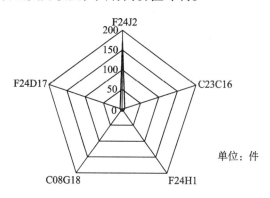

图 3-15　力诺集团专利申请技术主题分布

2007 年，中国科学院工程热物理研究所开发了一种带有双级蓄热的塔式太阳能热发电系统，发明人为金红光、王志峰、黄湘等，于 2011 年获得授权，公告号为 CN101413719B，被引用次数为 56，专利权至今有效。该发明技术方案公开了一种带有双级蓄热的塔式太阳能热发电系统，该系统至少包括光热转换子系统、双级蓄热子系统和动力子系统。其中，光热转换子系统用于接收并会聚太阳辐射能量，将接收的太阳辐射能量转化为热能，输出给动力子系统或双级蓄热子系统；双级蓄热子系统用于存储光热转换子系统输入的热能，并在太阳辐射能量不足时向动力子系统提供热能；动力子系统用于将接收的热能转化为电能，并输出电能。利用本发明，不但解决了蒸汽蓄存困难的问题，而且克服了以往以蒸汽为吸热工质的塔式太阳能热发电方案中的汽轮机运行受太阳辐射不稳定、不连续影响的困难。

从重要专利来看，力诺集团的重要专利申请较少，一方面力诺集团应提升科技创新实力，加强核心专利申请；另一方面也可与科研实力较强的高校、科研院所（如中国科学院工程热物理研究所等）合作，提升整体实力。

山东省在C08G61技术主题的申请量很少，说明山东省在此方向上的技术欠缺，发展空间较大。经检索发现，申请量位居全国第二的海洋王在C08G61技术主题上有大量申请。

海洋王是一家成立于1995年的民营股份制高新技术企业，自主开发、生产、销售各种专业照明设备，该公司致力于为油田、石化、电力、冶金、航空航天等提供专业化的照明设备和照明解决方案。海洋王下设有多家分公司/企业和一个研究院。海洋王95%以上的产品拥有自主知识产权及核心技术，目前，海洋王已开始致力于积极掌握并超越国际最新技术成果，开始着眼于与照明相关的新光源、新材料、新能源等领域的世界前沿技术研究和专利申请，并且其技术发展和专利申请相辅相成，推动了企业技术的发展。当国内企业在太阳能行业的关注点还大部分集中于太阳能热利用装置时，海洋王的研究人员已经把目光投向了新一代太阳能电池材料的研究，如图3-16所示，海洋王的研究方向分类号主要集中在C08G61"涉及聚合物太阳能电池材料方向"。

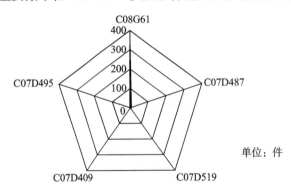

图3-16 海洋王专利申请技术主题分布

海洋王重点专利如下：

2010年，海洋王开发出一种聚合物太阳能电池材料含噻吩并吡咯二酮单元苝四羧酸二酰亚胺共聚物，发明人为周明杰、黄杰、管榕，在2013年获得授权，公告号为CN102344550B，该专利被引用次数为11，专利权至今有效。该发明主要涉及一种含噻吩并吡咯二酮单元苝四羧酸二酰亚胺共聚物，该共聚物溶解性能好、载流子迁移率高，吸光度强，对光吸收范围宽，提高了其对太阳光的利用率，可应用于有机光电材料、聚合物太阳能电池等领域。其首项独立权利要求为：一种含噻吩并吡咯二酮单元苝四羧酸二酰亚胺共聚物，其分子结构通式为下述（Ⅰ）：

（Ⅰ）

式中：n 为 1～200 的整数；R_1、R_2、R_3 选自－H、C1～C20 的烷基、C1～C20 烷氧基苯基或苯基；R_4、R_5 选自 C1～C20 的烷基；R_6 选自 C1～C20 的烷基或烷氧基。

2010 年，海洋王开发出一种芴类共聚物，发明人为周明杰、黄杰、刘辉，在 2013 年获得授权，公告号为 CN101787111B，被引用次数 10，专利权至今有效。该发明技术方案主要涉及一种芴类共聚物，该共聚物具有较宽光谱响应、较好稳定性、能更好与太阳射光谱匹配、光电转换效率高的优点，可应用于聚合物太阳能电池制造、有机电致发光器件制造等领域。其首项独立权利要求为：一种芴类共聚物，其特征在于，为以下通式化合物：

式中：R_1、R_2、R_3、R_4、R_5、R_6 相同或不同地表示为 C1～C20 的烷基；x 和 y 满足：x＋y＝1，且 x≠0、y≠0；n 为 1～1000 的整数；Ar_1 为含噻吩单元结构的基团。

所述的 Ar_1 为以下基团中的一种：

式中：R_7、R_8、R_9、R_{10}、R_{11}、R_{12}、R_{13}、R_{14}、R_{15}、R_{16}、R_{17} 相同或不同地表示为C1～

C20 的烷基；m 为 1~20 的整数。

2010 年，海洋王开发出一种含噻吩和吡咯并吡咯二酮单元的芴类共聚物，发明人为周明杰、黄杰、刘辉，在 2012 年获得授权，公告号为 CN102295749B，该专利被引用次数为 8，专利权至今有效。该发明主要涉及一种含噻吩和吡咯并吡咯二酮单元的芴类共聚物，其吸收光谱边缘可至红光区及近红外区，能够更好地匹配太阳光的发射光谱，提高太阳光的利用率，可应用于有机太阳能电池器件、有机场效应晶体管、有机电致发光器件、有机光存储器件、有机非线性材料和有机激光器件中。其首项独立权利要求为：一种含噻吩和吡咯并吡咯二酮单元的芴类共聚物，其特征在于，为以下通式的化合物：

式中：R_1、R_2、R_3、R_4、R_5、R_6、R_7、R_8、R_9、R_{10} 选自 H 或 C1~C20 的烷基；x 和 y 满足：$x + y = 1$，且 $x > 0$，$y > 0$；n 为 1~200 的整数。

综上不难发现，上述专利的首项独立权利要求的保护范围均很大，属于海洋王的基础专利，说明海洋王已及早地投入该技术主题的研究，并取得了技术领先地位，同时也在专利布局上占据了有利地位。海洋王的研发重点为聚合物太阳能电池材料，而山东省在此方向较为薄弱，专利很少，山东省企业可与海洋王合作，积极引进人才，弥补自身技术的不足，以研发出应用范围更广的产品，寻找具有发展潜力的研发方向，完善自身的专利布局。同时，山东省企业可借鉴海洋王，采取技术领先战略，及时引领尖端科技、占据高端市场，保持技术领先地位，为进一步开发全新产品、创造新的需求和新的高端市场提供技术储备，拓宽专利布局的范围，以利于未来的发展。

第六节 小 结

（1）山东省申请总量巨大，建有众多太阳能产业园区，还有如力诺集团、皇明太阳能等太阳能行业的领军企业，山东省在太阳能行业的整体实力较强。

（2）山东省的高校虽多，但是相关太阳能的申请量较少，山东省应鼓励高校重视在此方向的科研，并加强企业与高校间的合作。

（3）山东省的 PCT 申请较少，应重视海外专利布局，增强国际竞争力。

（4）山东省专利申请中个人申请比例高，大众对太阳能的研究热情高涨，这在一定程度上属于山东省的优势，说明山东省具有大量的后备人才，山东省应积极鼓励自主创业，吸引人才，并加强企业与个人的合作，将个人申请的高质量专利产业化，提高专利的利用率。同时，应鼓励大中小企业融合，优势互补、扩展企业产品种类，增强行业竞争力。

（5）山东省专利申请的授权有效率低，在太阳能行业发展不全面，有些技术领域缺失，山东省应在保持自身优势下，提高科技创新能力，全面发展技术，扩宽专利布局范围。

第四章　风能产业

当前，人类面临的资源和环境压力不断加剧，可持续发展的需求十分迫切。随着风电技术进步和成本不断下降，世界各主要国家对风电在未来能源结构调整和战略性新兴产业培育过程中的作用均寄予厚望。经过几十年的发展，风能已经成为国内外公认的技术发展成熟、开发成本低、具有广阔发展前景的可再生能源之一。2007 年以来，中国风力发电产业规模呈现出爆发式的增长态势，风电成为我国新增电力装机的重要组成部分。随着全球范围内风电开发利用技术不断进步及应用规模持续扩大，风电开发利用成本在过去 5 年下降了约 30%。巴西、南非、埃及等国家的风电招标电价已低于当地传统化石能源上网电价，美国风电长期协议价格已下降到化石能源电价同等水平，风电开始逐步显现出较强的经济性。从我国风电设备发展的历程来看，经过仿制国外产品、技术引进和自主设计 3 个阶段，目前已经有一些具备实力的企业开始走出引进或者模仿的轨道，自主设计出性能优异、具有自主知识产权的风力发电产品。山东省受台风和热带气旋影响较小，地质构造稳定，风电开发建设条件优良，适宜风电规模化发展。专利发展依赖于技术更新和进步，而对专利申请数据的分析也可以对相关技术的进一步发展提供指导和借鉴。

第一节　全球专利申请状况

一、全球专利申请趋势

图 4 - 1 显示了 1985 ~ 2017 年全球范围公开的涉及风力发电机的专利申请趋势，从该图中可以看出：专利申请量整体呈现增长趋势，风力发电机的发展经历了萌芽期、平缓增长期、快速增长期。

萌芽期（1985 ~ 2000 年）：石油等能源仍占据主导地位，风力发电机技术发展不够成熟，有一定的技术壁垒，技术发展比较缓慢，申请量相对较少，产业化程度较低。

平缓增长期（2001 ~ 2006 年）：全球经济的快速发展和不可再生能源的过度开发和利用导致化石燃料逐渐枯竭，全球各国陆续提出可持续发展理念，人们对可再生能源的研究投入逐渐加大，风能作为一种清洁可再生能源在欧洲等国有了立足之地，加之各国政策的引导推动，风力发电技术的发展也越来越迅猛。

快速增长期（2007 年至今）：风力发电技术在 2007 年左右迎来快速发展，到 2012年专利申请量达到了高峰；2014 年专利申请量有了小幅回落，这与全球能源结构的调

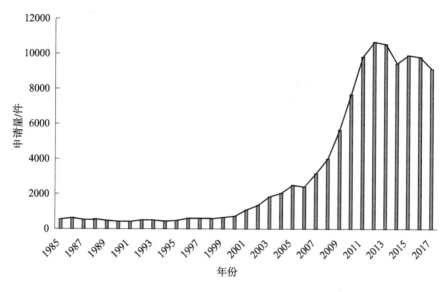

图4-1　全球风能专利申请趋势

整有密切的联系。随着其他新能源产业的快速发展，各国对其他新能源产业的投入占比增加，风电产业的发展趋势有所减缓。然而，随着不可再生能源的过度开发和使用，以及人们对能源需求的增大，风能产业之前的部分过剩产能逐渐被消化，在随后的2015年，风电产业的专利申请量又有所上升。

二、全球专利申请区域分布

风电是近年来发展最快的新兴可再生能源，全球风能资源分布广泛，开发利用风电的国家和地区占全球的一半左右，其中欧洲、亚洲、北美洲是开发规模最大的3个地区。美国、中国、德国是全球风电装机容量最大的3个国家。图4-2给出了全球风电产业专利申请量的主要区域分布。

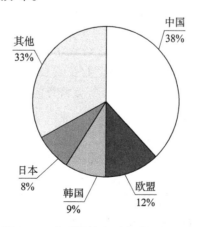

图4-2　全球风能专利申请区域分布

从专利申请的国家/地区分布图中可以明显地看出，中国的风能专利申请量居全球首位，远远超过其他国家。这与中国政府积极出台可再生能源政策以及大力支持风力发电事业息息相关。中国风力发电发展较晚，但是随着后期风电产业投入的不断增加，以及逐渐克服风电技术壁垒，中国的风电产业发展在全球已经占有举足轻重的地位。虽然我国风电产业发展势头较猛，但是值得注意的是，风电产业的多数核心技术仍然掌握在国外大公司手中，因而我国不仅要在数量方面占优，还要增加对风电产业的科研投入，实现风电产业的跨越式发展，真正做到全球领先。

三、全球主要申请人与主要发明人

如图4-3所示，在全球主要的申请人中，德国的乌本产权、美国的通用电气以及丹麦的维斯塔斯分别占据前三位，其专利申请量均明显高于其后的申请人，同时三者的申请量相差不大，说明三者实力雄厚且技术发展水平相近。其中，欧美企业（通用电气、西门子、乌本产权）、日本企业（日立和三菱重工）和丹麦企业（维斯塔斯）对于风力发电机的研究较早。风力发电机的产业化时间较短，在申请量排名前十的企业中，中国风力发电企业金风科技在2002年最早提出专利申请。

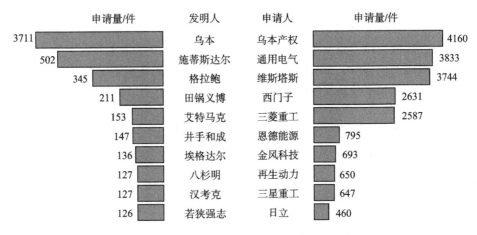

图4-3 全球风能主要申请人与主要发明人

值得注意的是，在全球申请量前十的申请人中，中国金风科技占据全球第七的位置，虽然相对于全球几个风力发电的龙头企业发展较晚，但是金风科技的发展非常迅速，相信随着后期金风科技的逐渐发展以及研究力量的逐步投入，在不久的将来，金风科技将在全球风电产业中占有举足轻重的地位。

图4-3给出了全球十大发明人，其中排名第一的发明人艾劳埃斯·乌本所属企业正是专利申请量排名第一的乌本产权，排名第二的施蒂斯达尔、排名第七的埃格达尔所属企业均是西门子，排名第四的田锅义博、排名第十的若狭强志所属企业均为三菱重工，排名第六的井手和成和排名第九的汉考克所属企业均为维斯塔斯。虽然在全球十大申请人中，中国企业金风科技占据了第七的位置，但是，该企业的研发团队却未出现在全球排名前十的发明人中，可见，风电领域的核心技术主要掌握在国外企业的研发团队中。

第二节　中国专利申请状况

一、中国专利申请趋势

"十二五"期间，我国基本建立了较为完善的促进风电产业发展的行业管理和政策体系，出台了风电项目开发、建设、并网、运行管理及信息监管等各关键环节的管理规定和技术要求，简化了风电开发建设管理流程，完善了风电技术标准体系，开展了风电设备整机及关键零部件型式认证，建立了风电产业信息监测和评价体系，基本形成了规范、公平、完善的风电行业政策环境，保障了风电产业的持续健康发展。

图 4-4 显示了 1985~2017 年全国范围公开的涉及风力发电机的专利申请趋势，从该图中可以看出：专利申请量整体呈现增长趋势，风力发电机的发展经历了萌芽期、快速增长期。

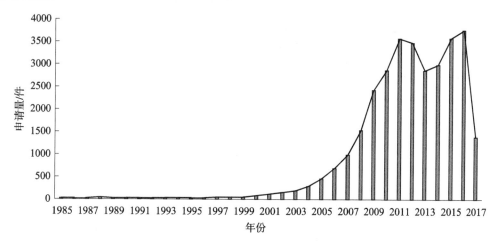

图 4-4　中国风能专利申请趋势

（1）萌芽期（1985~2004 年）：由最初的专利年申请量几十件至 2004 年的 500 件左右，专利年申请量逐年平稳增长，主要申请人为通用电气和维斯塔斯。

（2）快速增长期（2004 年至今）：2005 年以后，国内风力发电领域的专利申请量进入了快速发展期，从 2005 年不到 100 件发展到 2011 年 3500 件左右。这主要由以下两个方面的因素引起：一方面，国外企业准备进军中国市场，开始进行大量的专利布局；另一方面，中国企业受到国内政策的影响，开始在风力发电领域加大技术研发投入，由此，国内风力发电领域的专利申请进入快速发展期；与全球发展类似，在 2013 年左右专利申请量有了小幅的回落，这同样是由于产能过剩以及其他新能源的发展。

二、中国专利申请区域分布

图 4-5 给出了全国风力发电产业专利申请量分布图。从专利申请排名的省市来看，专利申请量与经济、科技的发展水平密切相关，东部沿海省市的申请量明显高于中西部

地区，北京市、江苏省、广东省、上海市作为经济发达地区，科技力量也相对比较强，一方面沿海地区经济发展快，对电能的需求量大；另一方面，沿海地区具有发展风电产业的区域优势，同时风电产业是一项投资成本高的产业，沿海地区经济基础好利于风电产业方向的研发与投资。从图4-5中明显可以看出，江苏省风电产业的专利申请量居于首位，其次是北京市、广东省、浙江省、山东省，其中山东省的申请量排名第五。金风科技、国电联合和华锐是北京市申请量较大的企业，无锡同春、苏州能建是江苏省申请量较大的企业，明阳风电是广东省申请量较大的企业。从数量上来看，山东省与浙江省、广东省之间的申请量差距并不大，说明山东省的风电产业发展居于全国前列。江苏省的专利申请量明显多于后面几个省，这与江苏省政府对风电产业的政策支持以及政府对人才引进的投入有一定的关系。

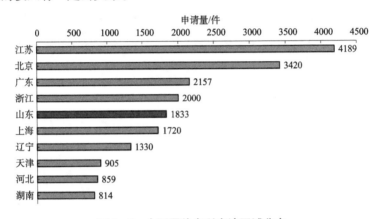

图4-5　中国风能专利申请区域分布

三、中国与山东主要申请人

如图4-6所示，在风力发电机领域的中国专利申请中，申请量最多的是美国通用电气，申请量排名前十的申请人全部为企业。在全国的主要申请人中，国外企业来华申请占据四席，并且贡献了很大部分申请量，尤其是美国的通用电气、德国的西门子以及德国的维斯塔斯。而在国内企业中，金风科技占据全国第二位，是国内企业中申请量最多的企业。国电联合同样也是国内风电产业的龙头企业。由于中国政府开始重视新能源产业的发展，出台了一系列的政策支持、鼓励包括风力发电在内的新能源产业发展，在国家政策引导下，为了开发中国丰富的风力资源，中国企业开始积极地进行产品的研发和技术创新，在不断地拓宽市场、发展企业的同时逐渐意识到专利对于企业生存和发展的重要意义，积极开始进行专利布局。同时，国内企业需要警惕的是，国外的风电产业巨头已经开始进行风电产业的全球专利布局，这就需要国内的风电企业在现有发展的基础上，注重核心技术的研发，谋划全球专利布局，争取早日在全球风电产业的发展中占据前沿位置，为全球风电产业的发展作出贡献。

图4-6给出了山东省申请量占据前十的企业，北车风电在山东省申请人中独占鳌头，但是，与全国风电产业的其他龙头企业相比，北车风电的专利申请量仍然较低，专利申请的技术较为单一，与全国龙头企业还有较大的差距，建议该企业加强人才引进，增加研发

投入，建立健全企业发展规划，在发展自己优势技术的基础上逐步扩展技术路线。

图 4-6 中国与山东风能专利主要申请人

第三节 山东专利申请状况

一、山东专利申请区域分布

下面着重分析了山东省内风电产业的发展状况，通过统计山东省内风电产业的申请量数据，发现在山东的各市中，青岛和济南的申请量最多，其次是烟台、潍坊和济宁，如图 4-7 所示。

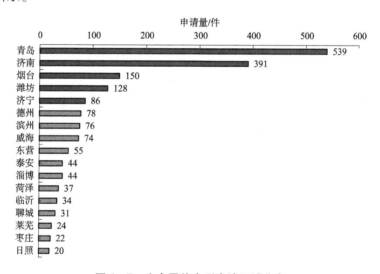

图 4-7 山东风能专利申请区域分布

青岛地理位置优越，处于沿海地带，是 6 个国家新能源示范城市之一，并且青岛有包括青岛大学在内的许多高校以及一些产业集群。济南是山东省省会，经济发展位于前列，山东大学的科研能力较强，贡献了较大数量的申请量。

二、山东专利申请量排名前五市申请人类型对比

图 4-8 给出了山东省风力发电领域申请量前五市申请人类型。从专利申请人构成

可以看出，青岛、济南的企业申请占比较大，这与青岛的产业集群有着很大的关系。基于上述分析可知山东省的前十位申请人中高校和企业各占一半，其中5位高校申请人中4位来自青岛，1位来自济南。从各市的申请人类型来看，均有一定数量的企业与高校的合作申请，但是数量较少。研发与市场的紧密结合能够使研发成果转化为生产力，从而使得企业对于专利布局和需求更加迫切，青岛、济南在风电发展方面应当充分地利用自己的研发优势，积极鼓励企业与研究机构的共同合作研究，建议青岛、济南的相关风电企业就近与本市高校进行合作研究，同时，山东省的其他城市的企业应当加强与济南和青岛高校的合作，一方面能够进行优势互补；另一方面也能加快山东省风电产业的产业化发展进程。

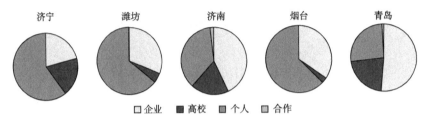

图4-8 山东风能专利申请量排名前五市申请人类型对比

第四节 山东与江苏、广东专利申请对比

一、三省专利申请趋势

图4-9给出了山东省与专利申请量大省江苏省、广东省的专利申请量趋势，可以看出，3个省的申请趋势与全球以及全国的申请趋势相似，同样经历了萌芽期、平缓增长期以及快速增长期。山东省与广东省、江苏省风电发展的起步时间基本相同，但是

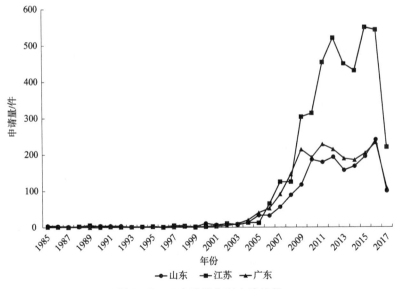

图4-9 三省风能专利申请趋势

2008 年以后，广东省和山东省的申请量基本趋于平缓，而江苏省的申请量却在快速增长，风电产业的发展远远超过了广东省和山东省，主要原因是由于苏州能建于 2008 年挂牌成立，随着该企业的逐步发展，专利布局和需求增加，为江苏省的风电产业发展注入了新的活力，同时江苏省的"十一五"规划中也制定了风电产业的相关发展计划。

二、三省专利申请类型

如图 4 - 10 及表 4 - 1 所示，通过分析江苏、广东、山东三省的专利申请类型发现，在江苏、广东、山东三省中，江苏省和广东省均具有 PCT 国际专利申请，而山东省没有 PCT 专利申请，体现出江苏和广东两省的风电企业已经开始了风电产业的全球布局。江苏省、广东省均具有自己在风电领域的龙头企业，且上述两省的龙头企业在全国风电领域均占有举足轻重的地位，山东省的北车风电与上述两省的龙头企业相比还有一定的差距，建议政府带头制定相关的人才引进政策，集中自己的优势资源，树立自己省内风电产业品牌，增强山东省风电产业在国内的影响力，从而带动相关产业的快速发展，获得更好的经济效益。

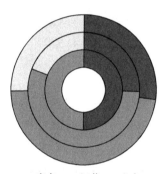

■ 广东 ■ 江苏 □ 山东

图 4 - 10 三省风能专利申请类型

注：由内到外依次为 PCT、发明、实用新型。

表 4 - 1 三省风能专利申请类型　　　　　　　　　　　　单位：件

省份	PCT	发明	实用新型
江苏	14	2054	2121
广东	14	941	1202
山东	0	707	1126

现有的国内大部分风电企业由于研发实力较弱导致核心竞争力不够，从而在风电产业的市场占有率较低，政府可以相应地制定人才引进措施，以及充分利用高校的研发优势，通过增强企业与高校研究所之间的合作，树立品牌意识，增加企业的核心竞争力。

三、三省专利法律状态

图 4 - 11 给出了江苏、广东、山东三省风电产业专利申请的法律状态，可以看出无

论是授权量还是专利申请量江苏省均占据第一位，其余两个省份的授权量基本相同。同时，值得注意的是在江苏省的专利申请中，审查中的案件数量相对较多，而山东省相对较少，这在一定程度上表明江苏省的风力发电研究后动力很足，而山东省在这方面有所欠缺，这就需要政府提供相应的政策给予可持续性的支持，鼓励企业进行可持续性的研究，从而带动企业的可持续发展，树立企业品牌，增强竞争力。

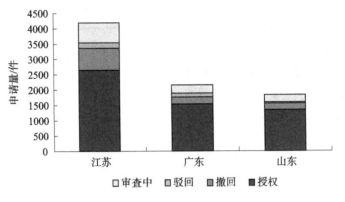

图 4-11　三省风能专利法律状态

四、三省授权专利有效率

为了进一步分析上述三省份专利申请的质量，图 4-12 对上述三省的专利授权有效率进行了分析。其中，江苏省的授权专利有效率为 59%，广东省的授权专利有效率为 57%，山东省的授权专利有效率为 48%。授权专利有效率的高低在一定程度上体现了专利的价值以及核心竞争力，从三省的数据可以看出，广东省与江苏省相比，虽然授权量较低，但是其专利的有效率与江苏省基本持平，而在山东省的授权量与广东省相差不多的前提下，山东省的授权专利有效率较江苏省低了 9 个百分点，一定程度上反映出山东省风电产业的专利质量相对较低。山东省应当根据自身优势，借鉴江苏省和广东省的

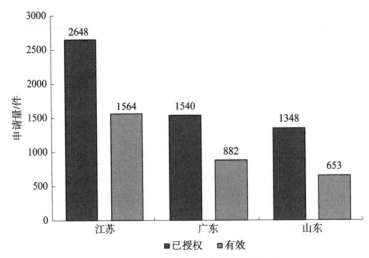

图 4-12　三省风能专利授权有效率

发展经验，大力支持山东省的风电等优势产业，同时积极引进广东省与江苏省风电产业的先进技术，使山东省风电产业的发展不仅要在量上有所突破，同时也要在质上有所提高。

五、三省专利申请技术主题

图4-13对比了江苏、广东、山东三省风电产业的技术主题对应申请量的变化，其中分类号F03D9/00对应技术主题为特殊用途的发电机，F03D11/00对应与动力传送、安装结构无关的零件、部件或附件，F03D7/00对应风力发电机的控制，F03D3/06对应具有与进入发电机的气流垂直的旋转轴线的风力发电机的转子，F03D1/06对应具有与进入发动机的气流平行的旋转轴线的风力发动机的转子，F021S9/04对应照明用电源由风力发电机提供。

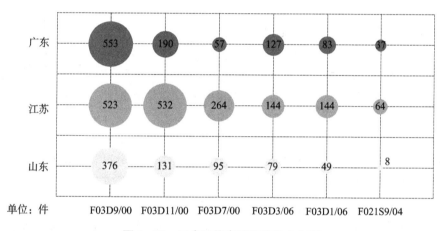

图4-13 三省风能专利申请技术主题

从图4-13可以看出上述三省的研究热点均主要集中在特殊用途的风力发电机、风力发电机零部件的安装、风力发电机的控制、风力发电机的转子等方面，其中江苏、广东两省在特殊用途的风力发电机的专利申请量基本相同，在风力发电机零部件的安装的专利申请方面江苏省居于前列。山东省可以结合自身的特点，根据不同省份具有的不同优势进行相应的交流合作，比如在风力发电机的控制方面和金风科技、国电联合等国内龙头企业进行相应的合作。

第五节 北车风电和金风科技专利申请对比

北车风电建有风电机组装配、主轴、轮毂、电控、叶片、塔筒等先进的大型生产线，拥有先进的大型数控龙门加工中心、数控龙门镗铣床、数控等离子切割机、四辊卷板机、焊接试验室等200多台生产设备；配有整机全功率试验台、变桨试验台、偏航试验台、三坐标测量机等试验和测试设备，满足1-6MW风电机组整机及其核心部件规模制造检测和试验要求。公司研发生产的CWT-1500机组为国内首家通过A级设计认证的1.5MW机型，并通过德国TUV Nord Systems GmbH & Co. KG的TUV-A级设计认证。

该机组已经顺利通过了中国电科院包括低电压穿越能力、电能质量、功率调节、电网适应性等功能性认证测试，并获得了相关的资质证书，完全满足了现行并网条件要求。公司研发生产的 CWT - 2000 机型已顺利并网发电，CWT - 3000 机型顺利下线，已完成风场测试认证。

金风科技成立于 1998 年，致力于成为国际化的清洁能源和节能环保整体解决方案提供商，多次入选"全球最具创新能力企业 50 强"，荣登 2016 年度"全球挑战者"百强榜，被《知识产权资产管理 IAM》组织授予"中国知识产权倡导者"殊荣。成立至今实现全球风电装机容量超过 44 千兆瓦时，28500 台风电机组（直驱机组超过 23000台）在全球 6 大洲、近 20 个国家稳定运行。目前专注于风电系统解决方案、可再生能源、新业务投资孵化。公司在全球范围拥有 7 大研发中心，与 7 所全球顶级院校合作，拥有强大的自主研发能力，承担国家重点科研项目近 30 项，获得超过 33 种机型的设计与型式认证。

从图 4 - 14 可以看出，北车风电的技术研究方向主要集中在风力发电机零部件安装以及风力发电机的控制方面。但是在数量上上述两个主题涉及的专利申请量均较小，在零部件安装方向仅有 11 件，在风力发电机控制方面仅有 10 件，在特殊用途风力发电机方向仅有 2 件。而上述 3 个技术主题中，作为国内风电产业的龙头企业的金风科技在零部件安装方向有 93 件，在风力发电机控制方面有 60 件。由此可见，虽然北车风电在风力发电机的研究思路上与北车风电是基本相同的，但是在数量上还是有不小的差距。另外，与国外企业的来华专利申请不同的是金风科技和北车风电没有大量的针对水平轴风机结构和控制方面的专利申请，而安装结构和电机测试和基础零部件这些方面的专利是国外企业并没有重点关注的方面。其他零部件和风力控制是金风科技、北车风电和国外企业拥有较多专利申请的技术领域。在中国，风力发电机的维修成本高昂，使得厂家更专注安装结构方面的研究，这也是中国企业与国外企业的专利申请侧重点不同的原因之一。

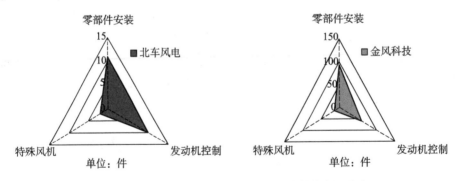

图 4 - 14 北车风电、金风科技专利申请技术主题分布

从上述对比可以看出，北车风电与金风科技两家企业研究涉及的主题基本相同，但是北车风电的专利申请量较少，建议北车风电在现有的研究思路的基础上，注重专利保护意识，增加研发投入，借鉴金风科技的发展经验，不断提升自己的研发实力以及核心技术的拥有权，从而提高自己的竞争力。

以下结合几篇重点专利为北车风电未来的发展提供建议和参考。

2010 年，北车风电针对现有风电机组中主轴与齿轮箱对中装配方式耗时多、效率低的问题，提出了一种大型风力发电机主轴与齿轮箱的对中装置，发明人为游瑞、杨海涛、于炜东，公告号为 CN201881138U，于 2011 年获得授权，被引用次数为 15，这件专利至今仍然有效。如图 4 – 15 所示，该专利涉及一种大型风力发电机主轴与齿轮箱对中装置，包括机架，所述机架一端上设有齿轮箱支撑调节装置，另一端上设有可沿机架滑动的主轴支撑调节装置。所述齿轮箱支撑调节装置包括固定于机架上的齿轮箱支撑架和竖直面内夹角调整机构，齿轮箱支撑架上设有水平面内夹角调整机构，竖直面内夹角调整机构位于齿轮箱支撑架的后部。该专利利用打表盘车，多自由度可调的方式实现了轴孔的对中，利用油缸推进压装，直线导轨导向的方式实现了轴孔的快速装配。该实用新型适用范围广，操作方便快速，效率高，发生卡轴现象时主轴与齿轮箱易于分离，避免主轴和齿轮箱输入轴的大面积拉伤。

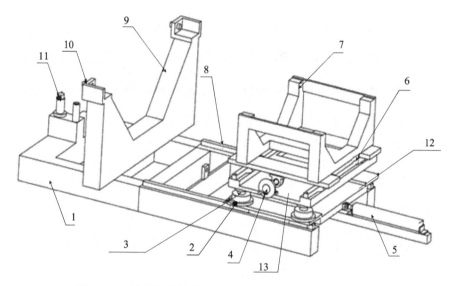

图4 – 15　主轴与齿轮箱对中装置示意图（CN201881138U）

注：1. 机架；2. 第二升降机；3. 导向柱；4. 纵向手动调节机构；5. 油缸；6. 纵向轨；7. 主轴支撑架；8. 横向导轨；9. 齿轮箱支撑架；10. 水平面内夹角调整机构；11. 竖直面内夹角调整机构；12. 横向移动板；13. 升降板。

2011 年，北车风电针对风机吊装阶段只能利用液压系统手动锁定主轴锁时需要多人一同完成操作，而带来的成本增加、耽误时间的问题，提出了一种风电机组的主轴锁锁定方法，发明人为何庆炬等人，已于 2012 年 11 月 14 日授权，公告号为 CN102146893B，被引用次数为 6，专利至今仍然有效。如图 4 – 16 所示，该专利涉及一种风电机组的风轮锁锁定方法，它方法简便，只需要两个人就可以操作完成锁定主轴锁的工作，有效提高了劳动效率。它的步骤为：①利用液压系统的手动液压泵对系统打压，只需打压到 100 ~ 110bar；②盘车人员向一个方向盘车；③当主轴锁盘上合适的主轴锁孔快转到锁销的对应位置时，即相差半个到一个锁孔位置时，按下换向阀的手动操作手柄，主轴锁销就会顺利地插入锁。

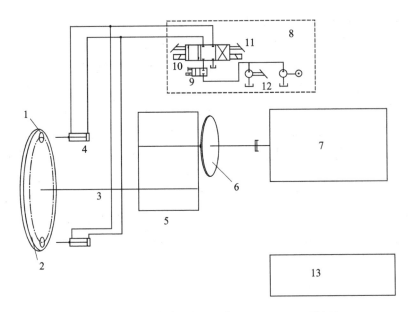

图 4 - 16   主轴锁锁定方法示意图（CN102146893B）

注：1. 锁孔；2. 主轴锁盘；3. 主轴；4. 主轴锁；5. 增速齿轮箱；6. 高速轴制功盘；7. 发电
机；8. 液压站；9. 阀 I；10. 阀 II；11. 阀 III；12. 手动泵；13. 机舱控制柜。

从上述两件专利涉及的主题可以看出，北车风电的重点专利均涉及零部件的安装结构，是其优势之一，同时在风电产业中金风科技的一篇重点专利同样涉及了主轴锁的问题，其发明名称为"一种风机叶轮锁定装置及风力发电机组"，发明人为李晓谦等人，

已于 2015 年 2 月 11 日授权，公告号为 CN102226445B，该专利至今仍然有效。如图 4 - 17 所示，该专利涉及一种风机叶轮锁定装置，其包括分别设置在定子主轴和转动轴上的锁定销、锁定孔、光学触发单元和控制单元。其中，光学触发单元用于在锁定销与锁定孔对准或将要对准时向控制单元发送触发信号；控制单元用于根据触发信号来驱动锁定销执行相应的锁定动作。本专利还提供了一种设置有上述风机叶轮锁定装置的风力发电机组。本专利提供的风机叶轮锁定装置及风力发电机组均能实现对风机叶轮进行自动、高效且准确的锁定操作，同时可有效避免锁定销和锁定孔之间的锁死问题。

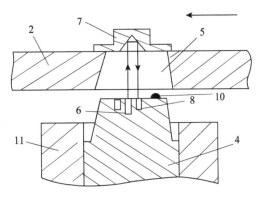

图 4 - 17   风机叶轮锁定装置（CN102226445B）

注：2. 转动轴；4. 锁定销；5. 锁定孔；6. 准直光源；7. 反射部；8. 光线接收部；10. 定位开关；11. 锁定销安装部。

上述专利所涉及的技术与北车风电的相关专利是密切相关的，北车风电应当在现有技术的基础上继续保持自己在上述主题下的专利申请的优势，以上述专利为基础，并借鉴金风科技在该领域的研究，关注金风科技在该技术主题下的发展技术路线，深入该技

术主题研究，布局上述技术主题下的专利申请，不断完善自己的研究思路，掌握核心技术，从而在该技术主题核心技术占据优势地位。

北车风电在特殊用途的风力发动机这方面的发展有所欠缺，而该技术主题是风电发展的一个很重要的分支，通过分析该主题下的重点专利，得到申请人为青岛经济技术开发区泰和海浪能研究中心的一篇发明名称为一种海上发电系统的专利，其引用次数为11次，发明人为孙明刚，已于2012年5月30日授权，公告号为CN202250624U，该专利至今仍然有效。如图4-18所示，该专利涉及一种海上发电系统，为了解决海洋能发电设备形式单一、综合利用率低的问题，本专利提供一种综合的海上发电系统，包括能量采集装置、发电机组、工作平台和桩柱；其中，所述能量采集装置包括风力采集装置、波浪采集装置和水流采集装置；所述发电机组包括液压系统和发电机。本专利综合利用率高，发电效率高，对环境无污染；能量利用效率高、损耗少；发电系统稳定性更

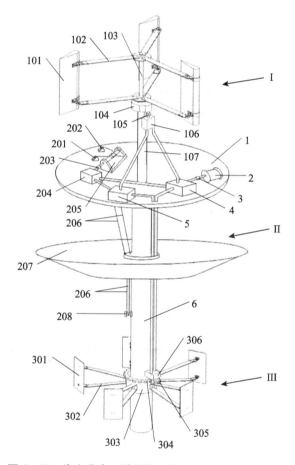

图4-18　海上发电系统结构示意图（CN202250624U）

注：I. 风力采集装置；II. 波浪采集装置；III. 水流采集装置；1. 工作平台；2. 发电机；3. 联轴器A；4. 液压马达；5. 油箱；6. 桩柱；101. 风叶；102. 支撑架A；103. 主轴；104. 增速机；105. 联轴器B；106. 液压泵A；107. 支撑柱；201. 滑轮A；202. 滑轮B；203. 联轴器C；204. 液压泵B；205. 卷扬机；206. 绳索；207. 浮筒；208. 滑轮C；301. 叶片；302. 支撑架B；303. 机壳；304. 传动齿轮；305. 变速齿轮；306. 液压泵C。

好，而且降低成本；可有效避免关键部件常年浸泡在水里而发生腐蚀或渗漏引起设备故障，同时也便于维护。北车风电可以积极地与该研究中心进行合作，弥补自己在该技术主题下研究的不足，补齐自己的短板，通过产业与研究相结合，充分发挥各自的优势，带动相关产业与专利的发展。

另外，在发动机的控制方面，北车风电有相应的涉及，但是其重点专利的分布却没有涉及该主题，说明该技术主题是北车风电的一个短板，通过分析全国该主题对应的专利，得到华北电力大学的一篇发明名称为风电长短期功率预测方法的专利，其引用次数达到了 54 次，发明人为何成兵等人，已于 2012 年 8 月 29 日授权，公告号为 CN102102626B，该专利至今仍然有效。如图 4 - 19 所示，该专利涉及一种风电场短期功率预测方法。首先，获取实测风速、功率数据，采用差分自回归移动平均模型和基于小波变换与神经网络相结合的功率预测模型，得到超短期预测功率；然后，获取不同高度风速、风向、气温、湿度及大气压强数据，采用 BP 神经网络、自适应模糊神经推理系统、最小二乘支持向量机三种模型，通过基于最大信息熵原理的功率组合预测方法，得到短期预测功率；最后，以超短期预测功率、平均误差和短期预测功率、平均误差为输入，经过基于 BP 神经网络的组合预测方法处理，得到最终短期预测功率。本发明提高了风电场未来 72 小时预测功率的精度，为电网合理调度提供了依据。

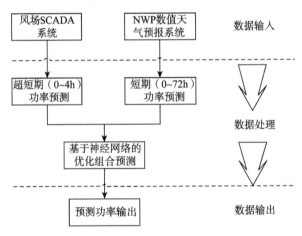

图 4 - 19 风电长短期功率预测方法 （CN102102626B）

由此可见，华北电力大学的上述发明人在该领域是有着深入的研究的，建议北车风电可以关注该大学上述两人所在的研究组，通过人才引进的方式引进相关人才，提高自己的研发实力，补齐自己在该方向的不足，通过掌握核心技术来提高自身的核心竞争力。

同时，列出了金风科技的几篇重点专利。

2011 年，金风科技提出了一种风电场的功率调节方法及装置，能够对风电场内的风机进行合理调用，提高了风机的利用率，以及运行的稳定性和安全性，发明人为乔元等人，已于 2014 年 2 月 5 日授权，公告号为 CN102400855B，被引用次数为 9，专利仍然有效。如图 4 - 20 所示，该专利主要涉及一种风电场的功率调节方法及功率调节装置。该方法包括下述步骤：①实时采集电网对风电场的有效功率需求值，并将其作为风电场的目标输出功率 Pr；②获取风电场当前的实际输出功率 P；③根据风电场当前的实际输出功率 P 与目标输出功率 Pr，计算所述风电场的功率调整值；④基于所述功率调整值而确定功率调整策略；⑤基于所述功率调整策略而控制所述风电场内相应风机的工作状态；重复上述步骤②至步骤⑤，直至所述风电场的输出功率满足电网的功率需求。本发明提供的上述功率调节方法及装置能够及时准确地调整风电场的输出功率，提高风机运行的稳定性和安全性，同时还可以大大节省人力成本。

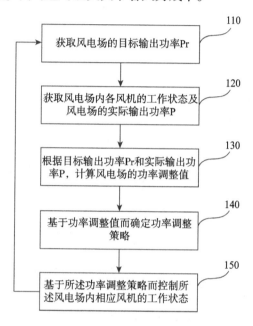

图4-20 风电场的功率调节方法（CN102400855B）

2011 年，金风科技针对风电机组固有偏航误差角导致风力发电机组功率损失大的问题，提出了一种偏航误差角获得方法及偏航控制方法，发明人为王方超等人，已于 2013 年 9 月 4 日授权，公告号为 CN102213182B，被引用次数为 9，专利仍然有效。该专利获得风力发电机组固有偏航误差角方法，包括下述步骤：①根据所述风力发电机组偏航角的理论值和检测值，获得所述固有偏航误差角的绝对值；②判断所述固有偏航误差角的正负，以获得风力发电机组固有偏航误差角的数值。本发明提供的获得固有偏航误差角的方法可以获得风力发电机组固有偏航误差角，从而可在偏航过程中进行误差控制，以减小甚至消除固有偏航误差角对风力发电机组偏航的影响，使得风力发电机组偏航控制较准确，从而可以保证风力发电机组始终正对风向，提高发电效率。

上述两篇重点专利均涉及风力发电机的控制，上文也提到北车风电的投入以及研发在发动机控制这一技术主题上有所欠缺，北车风电可以考虑进行相关的合作来提高自己相应的技术水平。

由以上分析可知，金风科技的重点专利在风机的控制方法以及风机的零部件均有涉及，同时，在风机的控制方法上与其他企业进行合作，而北车风电的重点专利仅涉及风机的装配，且没有与其他企业或高校进行合作，建议北车风电适当地扩展研究内容，积极与其他企业或高校合作，充分发挥自己的优势，不断提升自己的核心竞争力。

第六节　小　结

风力发电领域的全球专利申请量整体上呈现增长态势，风力发电机技术发展较晚，但是发展较为迅速，不可再生能源的过度开发利用，以及可再生能源开发的迫切性和各国政策的引导推动，使得风力发电机的发展迅猛，在 2012 年专利申请量达到了高峰；在全球申请量排名前十位的国家和地区中，中国位列第一名，申请量远远超过其他国家和地区，在全球主要申请人中，有 1 家中国企业（金风科技）、1 家韩国企业（三星）、2 家日本企业（日立、三菱重工）以及欧美企业（通用、维斯塔斯、乌本产权等）。中国企业对风力发电机专利申请的时间较晚，其中申请最早的公司金风科技，也仅在2002 年开始申请第一件专利。虽然风电在中国发展时间较短，但是发展迅猛，2009 ～2012 年期间，中国企业的申请量有了大幅提升。

国内专利申请整体呈现增长态势，风力发电机的发展经历了萌芽期以及快速发展期；国内风力发电机方面申请量较大的省市为北京市和江苏省，且排名前十的省份多集中在沿海等经济较为发达的地区。在山东的各城市中，青岛和济南的申请量最多，其次是烟台、潍坊和济宁；山东的前十个申请人中高校和企业各占了一半，其中 5 个高校中青岛就占据了 4 位，山东专利申请量前十的申请人中，北车风电独占鳌头。

本章还对江苏省、广东省、山东省的专利申请量以及授权有效率进行了对比，同时还分析了山东省的重点企业北车风电以及全国的龙头企业金风科技的部分重点专利，并进行了相应的对比。

第五章　生物质能产业

　　生物质能是世界上重要的新能源，技术成熟，应用广泛，在应对全球气候变化、能源供需矛盾、保护生态环境等方面发挥着重要作用，是全球继石油、煤炭、天然气之后的第四大能源，成为国际能源转型的重要力量。我国生物质资源丰富，能源化利用潜力大。全国可作为能源利用的农作物秸秆及农产品加工剩余物、林业剩余物和能源作物、生活垃圾与有机废弃物等生物质资源总量每年约4.6亿吨标准煤。截至2015年，生物质能利用量约3500万吨标准煤，其中商品化的生物质能利用量约1800万吨标准煤。生物质成型燃料、生物质天然气等产业已起步，呈现良好发展势头。国家能源局《生物质能发展"十三五"规划》中指出：到2020年，生物质能基本实现商业化和规模化利用，生物质能年利用量约5800万吨标准煤；大力推动生物天然气规模化发展，积极发展生物质成型燃料供热，稳步发展生物质发电，加快生物液体燃料示范和推广；到2020年，生物质能产业新增投资约1960亿元。山东省的生物质资源和技术发展优势突出，在生物质能产业大有作为。本章通过针对全国和山东省内的生物质能产业专利申请进行分析，明确山东省的生物质能产业的发展现状，并为山东省的生物质能产业在未来发展中继续发挥优势、弥补不足给出建议。

第一节　全球专利申请状况

一、全球专利申请趋势

　　生物质能相关的全球专利申请量至今已有约11万件，按照申请年份进行统计后得到图5-1所示的生物质能全球专利申请趋势。由该图可以看出，全球范围内有关生物

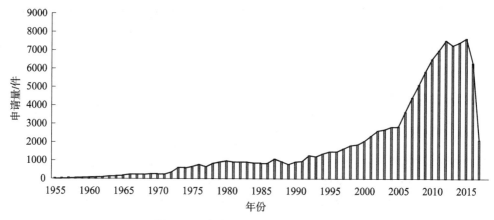

图5-1　全球生物质能专利申请趋势

质能的专利申请始于 20 世纪 50 年代，并先后经历了萌芽期、缓慢发展期和快速增长期 3 个阶段。

萌芽期为 1950～1970 年，在这个时期，虽然每年都有生物质能的专利申请，但申请量很少，这是由于在该阶段研究人员刚刚启动生物质能的研究，属于初始研究阶段。

缓慢发展期为 1970～1990 年，在这一阶段，生物质能的专利申请量已经不再是每年几件或者几十件，而是开始逐年明显地增加，体现出各国在经历了初步探索之后，对于生物质能的研究取得了一定程度的进展，并且各国的专利制度也在这个时期逐步完善，从而在一定程度上推动了专利申请量的增长。

快速增长期为 1990 年至今，这一时期，生物质能的专利申请量出现了显著而快速的增长，专利申请趋势则呈现指数级的上升。生物质能的专利申请量在近 30 年来的飞速增长依托于各国对于能源、环境和资源问题的高度重视，政策扶持使得研究人员对生物质能的研究热情和积极性不断高涨，从而带动了生物质能产业的技术进步。仅在 2015 年，生物质能的全球专利申请量就超过 7000 件。

二、全球专利申请区域分布

将来自全球各个国家和地区的生物质能专利申请量分别进行统计后可以得到生物质能全球专利申请地域分布。截至 2017 年 12 月，来自中国的申请量有 2.5 万余件，居全球首位，占全球专利申请的 30%；美国和日本分别位于其后。根据数据统计显示，中国、美国对生物质能的研究起步相对较早，均是在 20 世纪 50 年代即开始进行专利申请；而日本有关生物质能的专利申请则起步于 20 世纪 60 年代。虽然中国的专利制度在 1985 年才正式开始建立，但是在此之前国内已经有了很强的专利保护意识，在全球范围内进行专利申请，并保持了较高的申请量。由此看来，中国作为历史悠久的农业大国，对生物质能的研究具有较强的优势。

三、全球主要申请人和主要发明人

从图 5－2 显示的生物质能领域全球专利申请排名前十五位的申请人及其专利申请量来看，除去法国石油研究院，其他全部是企业申请人，而且这 14 家企业均是为公众所知的各个行业的领军企业，这与其研究起步早、技术成熟密切相关。美国申请人（埃克森美孚、空气化工、通用电气、艾克西莱克、霍尼韦尔、雪佛龙）占据其中的 6 个位置，这些实力雄厚的申请人保证了美国具有全球第二的生物质能专利申请量；欧洲申请人（壳牌集团、液化空气、林德集团、法国石油研究院、博世）占据其中的 5 个位置，并且包括排在首位的壳牌集团，可见欧洲和美国在生物质能领域的研究实力形成分庭抗礼之势；此外，日本也有两家老牌企业（三菱重工、大阪燃气）上榜，加之日本全球申请量第三的排名，其技术发展程度可见一斑；广州迪森和中国石化作为中国申请人的代表分别位列全球第十一位（并列）和第十三位（并列）。从全球排名前十五位的申请人来看，美国、欧洲、日本和中国作为经济发展和科技水平位于全球前列的国家和地区，在生物质能的技术研发方面同样保持着极大的竞争力。

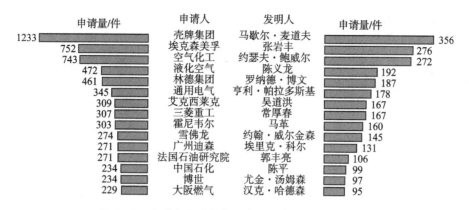

图 5 - 2 全球生物质能专利主要申请人和主要发明人

虽然中国企业未能排进全球前十位，但是相比之下，中国的发明人所涉及的专利申请数量具有较为明显的优势。从全球专利申请排名前十五位的发明人及其专利申请量来看，中国发明人包揽了其中的 7 个位置，包括凯迪新能源的张岩丰和陈义龙、神雾集团的吴道洪以及广州迪森的常厚春、马革、郭丰亮和陈平；其余 6 个位置分别是艾克西莱克的马歇尔·麦道夫、壳牌集团的约瑟夫·鲍威尔、埃克森美孚的罗纳德·博文、法国德西尼布的亨利·帕拉多斯基和埃里克·科尔、奥特洛夫的约翰·威尔金森、尤金·汤姆森和汉克·哈德森。结合全球排名前十五位的申请人和发明人的比较可以发现，虽然来自中国的发明人所涉及的专利申请量与国外发明人的专利申请量差距很小，但其所在企业在专利申请量上与其他排在前列的国外申请人相比并没有优势，因此可以认为，相比于其他国家和地区的专利申请，中国的专利申请的发明人更加集中，其原因可能是中国在技术研究和发明创造的过程中团队的成果更为突出，很多发明人都有机会参与到多项专利申请之中。对于中国发明人将在后面的章节中作出更进一步的分析。

第二节 中国和山东专利申请状况

一、中国和山东专利申请趋势

中国现行的专利制度始于 1985 年，因此对于国内的专利申请（即所有向中国国家知识产权局提交的专利申请，包含外国申请人向中国国家知识产权局提交的专利申请，但不包含中国申请人向外国知识产权机构提交的专利申请）数据统计也是以 1985 年为起点。如图 5 - 3 所示，1985 ~ 2017 年中国公开的生物质能专利申请共 25843 件，并从1985 年开始，在一段时间的酝酿之后，专利申请量即开始爆发式增长，专利申请趋势呈现指数级的上升。就目前公开的数据来看，2015 年国内生物质能专利申请量为 3494 件，占据全球生物质能专利申请量的 46%；2016 年国内生物质能专利申请量进一步提高，达到 4036 件。

山东省在生物质能领域的专利申请是以 1987 年为起点，表明山东省对于生物质能产业的高度重视以及与之相适应的研究能力。从图 5 - 3 中可以发现山东省与全国专利申请趋势变化较为接近，表明山东省对生物质能的研究发展与全国的发展较为同步，为国内生物质能领域的技术进步提供了强有力的支撑；同时，在近年来，随着国内知识产权意识的不断加强和国家相关政策的大力引导，山东省紧随全国发展的步伐，在生物质能领域取得了不错的成绩。

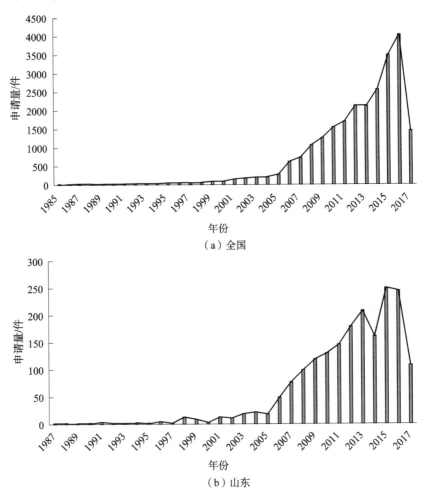

（a）全国

（b）山东

图 5-3　中国和山东生物质能专利申请趋势

二、中国专利申请区域分布

接下来，我们研究了山东省生物质能产业专利申请的特点。从图 5-4 显示的国内生物质能专利申请量地域分布可以看出，在生物质能领域，申请量最高的前五个省市依次为江苏省、北京市、广东省、山东省和浙江省。其中江苏省、北京市和广东省的申请量均超过 2000 件，呈现出明显的优势；山东的专利申请量在全国排名第四，为 1696 件，占国内申请总量的 7%；然后是浙江省，申请量为 1545 件。生物质能的原材料取自于自然环境和人类生活，而上述 5 个省市则综合了地缘、经济、研发实力等诸多优势，在生物质能领域的技术开发和专利申请中均有着优异的表现。

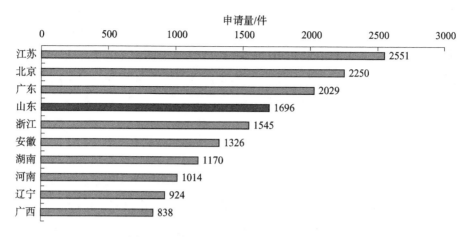

图 5 - 4　中国生物质能专利申请区域分布

三、中国和山东主要申请人

图 5 - 5 分别显示了国内和山东省内生物质能申请量排名前十位的申请人。国内前十位的申请人中，企业与高校、科研院所各占半壁江山。然而，广州迪森、中国石化、神雾集团、壳牌集团和新奥集团作为企业申请人的代表，其申请量与高校、科研院所的申请量相比仍表现出一定的优势，表明生物质能是一个产业化应用十分完备的行业。清华大学、广州能源所、东南大学、昆明理工、浙江大学作为高校、科研院所申请人的代表，虽然其申请数量与企业申请人相比较少，但它们更加关注于生物质能产业的前沿技术，可以为后续的产业成果转化提供坚实的技术储备。

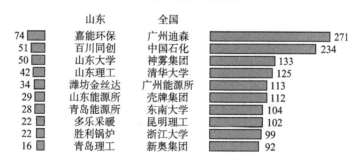

图 5 - 5　中国和山东生物质能专利主要申请人

山东省生物质能专利申请量排名前十位的申请人中企业与高校、科研院所同样各占一半，但与国内重点申请人相比，山东省的申请人仍呈现了其独特之处：只有 2 家企业排名前列，嘉能环保和百川同创分别是第一、第二名；而后则是以山东大学为代表的高校、科研院所申请人；余下 3 家企业分别位于第五、第八和第九位。通过对这排名靠后的几家企业所涉及的专利申请进行分析后表明，山东省内与生物质能相关的企业可以分为两种类型：一种是规模较小，研发水平和技术创新能力不足；另一种是企业规模虽然较大，但生物质能仅是其多项业务中的一个分支，企业对其重视稍显不足。因此山东省大多数企业的生物质能专利申请量不如类似于山东大学和山东理工大学这类科研能力较强的单位。此外，从专利申请量也可以看出，每个申请人的专利申请量都很少，排名第一的嘉能环保仅有 74 件，排名第十的青岛理工则只有 16 件，然而山东省总体的专利申请量很高，说明山东省的申请人很分散，技术优势未能集中，没有形成特色产业。因此，建议山东省从以下 3 个方面提升竞争力：一是加大政府扶持力度，力争技术创新；二是形成产业集群，加强本地合作；三是制定人才引进政策，积极从省外引进相关人才。

四、中国和山东主要发明人

针对前面提到的人才战略，以下我们关注国内和山东省内生物质能领域的重点发明人。图 5-6 显示了山东省和全国生物质能专利申请发明量排名前十位的发明人。其中，吴道洪、常厚春、马革、郭丰亮、陈平、张岩丰同样跻身于全球申请量排名前十位的发明人，然而由于第一节中全球申请量的统计中包含了中国发明人在世界各国的专利申请，而在图 5-6 中仅统计了各发明人在国内的专利申请，因而上述几位发明人在两份统计数据中的申请量有一定的差异。国内重点发明人大部分来源于广东迪森（常厚春、马革、郭丰亮、陈平、陈燕芳）和神雾集团（吴道洪、肖磊），此外生物质能行业中表现较为突出的凯迪新能源（张岩丰）和河南巨烽（高海华）也有发明人上榜，证明行业内影响力较大的企业往往是在高新技术研究人员和研发团队的带领下逐步占领行业优势，企业技术创新实力与人才战略息息相关。上述统计的国内重点发明人中既包括其所在企业的领导者，也同样包括其首席科学家、研究员等，可以为山东省与国内行业龙头企业及其研究人员的交流合作提供参考。

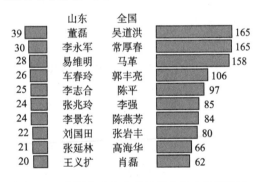

图 5-6 中国和山东生物质能专利主要发明人

山东省生物质能专利申请的重点发明人中，董磊、张兆玲、李景东来自百川同创，刘国田来自潍坊金丝达，李永军、易维明、李志合来自山东理工大学，张延林和王义扩来自多乐采暖，可见山东省内的重点发明人同样来自于本省的优势企业。从专利申请数量同样可以发现，山东省的重点发明人所涉及的专利申请数量明显低于国内重点发明人的申请量，建议山东省可以从加强企业和高校、科研院所的合作，促进省内人才交流的角度出发，综合企业和高校、科研院所各自的技术优势，提升本省技术创新能力。

第三节　山东各市专利申请状况

一、山东专利申请区域分布

如图 5 - 7 所示的是山东省内各市的生物质能专利申请量区域分布。青岛和济南的生物质能专利申请量居于省内前两名，分别是 414 件和 390 件；临沂、烟台和潍坊位于其后，专利申请量均为 100 余件；其余各市申请量均不到 100 件。可见山东省在生物质能领域的专利申请量虽然位于全国第四，但省内的专利申请仍然集中在青岛和济南这两个重点城市，发展较不平衡。为了对山东省的生物质能专利申请情况进行更详尽深入地了解，接下来对上述专利申请量排名前五位的城市的申请人类型予以统计。

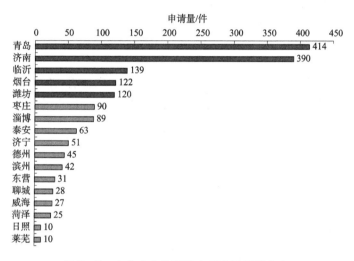

图 5 - 7　山东省生物质能专利申请区域分布

二、山东专利申请量排名前五市申请人类型对比

根据图 5 - 8 所示的山东省生物质能专利申请量前五名城市的申请人类型，青岛和济南作为山东省内重点高校和研究院所的聚集地，在其专利申请总量较高的基础上，高校和科研院所的申请比例较其他城市十分突出，高校和科研院所的专利申请往往更具前瞻性，因而其中蕴藏着大量极具技术前瞻性的专利申请；两个城市的企业申请量均占到申请总量的一半左右，这不仅说明企业的研发能力和知识产权保护意识较强，还说明这两个城市的专利申请在一定程度上能够紧密结合产业应用，具有实用价值；此外，依赖于这两个城市的地域优势，极大地促进了企业与高校和科研院所的交流合作，合作申请，尤其是企业与高校和科研院所的合作申请所占比例与其他城市的比例相比也较突出；对于个人申请，虽然其比例与其他城市相比较低，但考虑到青岛和济南的申请总量显著高于其他城市，其个人申请量也是不容忽视的。对于省内申请量排名第三的烟台，其高校和科研院所的申请量十分有限，随之带来的是合作申请比例很小。而对于分别排

名第四和第五的临沂和潍坊，其主要特点是个人申请所占比例很高。从总体上来看，这5个城市生物质能专利申请的共性是个人申请量普遍较高，这在一定程度上证明山东省在知识产权相关政策的宣传和落实方面完成较好，使得个人的知识产权保护意识很强；但同时个人申请的成果转化也相对困难，建议各个企业充分了解这些个人申请，根据自身需要适当引入新技术。

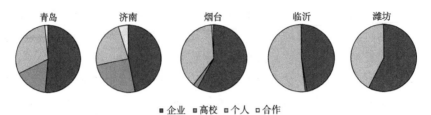

图5-8 山东生物质能专利申请量排名前五市申请人类型对比

三、山东专利申请技术主题

以上我们通过专利申请量、申请人类型以及申请人和发明人的特点对山东省生物质能产业的专利申请态势进行分析。现在开始从专利申请的技术主题的角度对专利申请的内容进行研究，如图5-9所示。山东省的生物质能专利申请主要涉及这6个方面：①燃

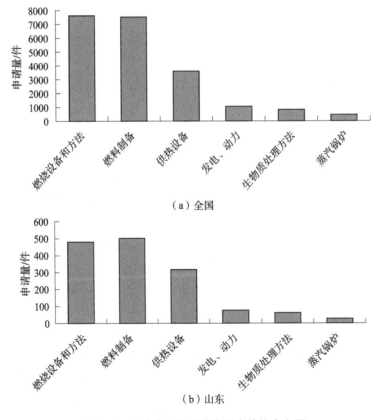

图5-9 山东省生物质能专利申请技术主题

烧设备和方法，即直接利用生物质作为燃料的燃烧设备和方法（如锅炉、燃烧器等）；②燃料制备，即使用生物质作为原料制备燃料（如生物油、燃料棒等）的设备和方法；③供热设备，即将生物质作为燃料的供热装置（如暖风机、取暖炉等）；④发电、动力，即利用生物质来发电或者提供动力的装置或方法（如发电机、发动机）；⑤生物质处理方法，即在生物质的使用前和使用过程中对其进行化学处理的方法（如杂质分离、发酵）；⑥蒸汽锅炉，即利用生物质的燃烧所形成的蒸汽运行的设备。上述 6 个技术主题中，前 3 个技术主题所涉及的专利申请数量占申请总量的 77%，远远超出其他技术主题的总和，证明这 3 个技术主题均是生物质能领域所关心的热点问题。同时，我们也分析了国内生物质能的专利申请所涉及的技术主题的分布情况，除了排在前两位的技术主题所对应的专利申请分布略有差异之外，其余与山东省的分布情况非常吻合，证明山东省对于生物质能领域的关注重点同样是国内所研究的热点。

然后，我们将生物质能专利申请的技术主题与国内和山东省内的重点申请人结合起来分析。在国内生物质能专利申请量排在首位的广州迪森，其几乎所有涉及生物质能的专利申请均为以生物质为燃料的锅炉及其部件；中国石化和壳牌集团则侧重于以生物质为原料的燃料制备；神雾集团的专利申请重点是生物质的热解和垃圾资源化处理；新奥集团涉及生物质燃料制备及其相关的能源系统；除此之外的高校、科研院所则由于其多学科交叉的特点，在多个技术主题下均有对应的专利申请。

山东省内与生物质能相关的重点申请人中，嘉能环保主要涉及生物质的燃料制备及生物质燃烧设备两个技术主题；百川同创的关注点主要集中在生物质的燃料制备；潍坊金丝达在生物质燃烧器和发电系统两个方面均有一定的成果；多乐采暖和胜利锅炉同时聚焦于生物质供热设备；其余 5 家高校、科研院所则同样是在多个领域有所涉及。

从企业规模、专利申请量及专利申请技术主题多个维度的比较后可以发现，相比于国内的重点申请人，山东省生物质发电这一领域还有很大差距，希望山东省可以借鉴国内重点申请人的发展经验，找出一条适合本省发展的道路。

接下来分别结合上述排名前三位的技术主题对山东省和全国的生物质能专利申请进行分析。

1. 生物质燃烧设备和方法

山东省的生物质燃烧设备和方法有关的专利申请共有 480 件。生物质燃烧设备一般使用生物质锅炉。生物质燃烧往往会带来燃烧效率低、污染环境等问题，因此生物质燃烧设备和方法的研究和专利申请热点集中在提高生物质燃烧效率、降低有害产物排放两个方面。循环流化床作为生物质燃烧设备，结构紧凑，占地面积小，密相区有大量的高温物料，床层的热容量大，燃料适应性强，采用低温（800℃～900℃）、分级燃烧方式，大大减少了氮氧化物的生成，是一种高效低污染燃烧设备，因此国内，尤其是山东省对于循环流化床设备的专利申请很多（代表专利申请 CN100350185C，一种新型秸秆循环流化床燃烧锅炉，申请人国电科技环保集团山东龙源环保有限公司，被引证 18 次）。此外，针对环境污染问题，一方面可以采用循环流化床，在生物质燃烧过程中减少有害产物的生成，另一方面可以从清除有害产物的角度予以解决（代表专利申请 CN100494780A，一种煅烧清除垃圾焚烧锅炉含二噁英飞灰的方法及装置，申请人徐宝安，被引证 11 次）。

2. 生物质燃料制备

由于在目前的国家政策和环保标准中，直接燃烧生物质属于高污染燃料，只在农村的大灶中使用，不允许在城市中使用。生物质燃料主要是生物质成型燃料，是将生物质作为原材料，经过粉碎、混合、挤压、烘干等工艺，制成各种成型的、可直接燃烧的一种清洁燃料。

生物质原料来源广泛，包括藻类、各类秸秆、沼气、枝条、树皮、粪便、有机肥料、饲料等，以此为原料可以制备煤气、焦炭、焦油、一氧化碳、氢气、石油气等多种类别的燃料。山东省生物质燃料制备的专利申请共有 502 件，主要涉及 3 个方面：一是生物质的热解反应装置（代表专利申请 CN1272404C，一种低焦油生物质气化方法和装置，申请人山东省科学院能源研究所，被引证 25 次），二是燃料产物的分离提纯设备（代表专利申请 CN2381639Y，一种新型秸秆气化燃气净化机组，申请人山东工业大学，被引证 4 次），三是生物质燃料制备方法（代表专利申请 CN101100621A，生物质富氢燃气制备方法及装置，申请人山东省科学院能源研究所，被引证 21 次）。从专利申请的引证结果来看，虽然企业申请人的专利申请量比高校、科研院所更有优势，但是高校、科研院所申请人的专利申请引证次数明显高于企业和个人申请人的专利申请引证次数，由此可以看出高校、科研院所申请人的专利申请质量较高，可以为后续的技术创新带来启发。

3. 生物质供热设备

欧洲生物质协会发布的 2016 年度统计报告显示，用于电力和热能的可再生能源的份额在短短 10 年间增加了近 1 倍，部分原因是生物质能的强劲扩张，广泛用于热电联产电厂、城市集中供热厂和现代家居炉所致。2017 年国家能源局发布了《关于开展生物质热电联产县域清洁供热示范项目建设的通知》，着手推进生物质能供热。而且在近期国家出台一系列与生物质能产业相关的政策文件均与生物质能供热紧密相关，部分研究者认为我国以发电为主的生物质能利用体系将发生重大变化，生物质发电将向生物质热电联产和生物质能供热方向转变，且生物质供热在补贴方面将享受与"煤改气""煤改电"相同的支持政策。山东省作为在生物质能研究和发展表现突出的省份，其中的高质量专利申请可以为保证供暖水平的同时避免供暖时期环境污染提供良好的解决思路（代表专利申请 CN202328746U，自动化生物原料燃烧多用炉，申请人王义红，被引证10 次）。

4. 重点专利

在统计山东省内重点申请人所涉及的技术主题时，我们注意到山东省在生物质燃料制备有关的专利申请中，绝大多数仅针对生物质燃料的配方进行改进，而对于制备过程中的化学反应过程（如催化反应和加氢反应）、原料的处理（如分离和提炼）等关乎最终得到的生物质燃料质量的研究非常少。在国家大力倡导生物质能应用的今天，生物质燃料的质量是关系生物质能源转化效率问题的重中之重。就这一问题，我们找出具有代表性的专利申请，希望可以为山东省的生物质燃料制备研究提供参考。

（1）重点专利申请 CN102041023B，一种掺炼生物油脂改进渣油加氢的方法，申请人中国石化，被引证 24 次。

该专利申请公开了一种掺炼生物油脂改进渣油加氢的方法。此方法不改变渣油加氢装置设备和操作条件，通过适量掺炼生物油脂，实现生物油脂加氢生产清洁燃料油的目的，同时改善渣油加氢脱杂质的反应效果，获得优质渣油加氢产物。

技术方案：一种掺炼生物油脂改进渣油加氢的方法，其特征在于包括如下内容：①渣油和生物油脂混合，作为渣油加氢装置的混合进料，生物油脂占混合原料的质量百分比为 0.1% ~ 60%；②在渣油加氢处理的操作条件下，混合原料油与氢气通过渣油加氢催化剂床层，完成加氢反应；③加氢反应生成物进行气液分离，液相产物进入分馏系统，分馏出石脑油、柴油和加氢渣油；其中步骤②反应物料经过渣油加氢催化剂床层时，反应物料在经过以 Mo – Ni 为活性金属的渣油加氢催化剂之前，先经过活性金属为 Mo 的渣油加氢催化剂或先经过活性金属为 Mo – Co 的渣油加氢催化剂。

（2）重点专利申请 CN102051194B，一种用溶剂供氢由生物质制取液体燃料的方法，申请人中国石化，被引证 13 次。

该专利申请公开了一种用溶剂供氢由生物质制取液体燃料的方法。此方法是在缓和条件下，使用适宜催化剂和供氢溶剂，在不采用气体氢的情况下，将生物质原料进行直接液化反应处理，生产可替代石油产品的优质燃料油。该项申请以合适的化学反应环境，解决了现有生物质快速裂解制油在大规模工业反应器的物理环境中难以解决的问题，该方法工业装置与试验装置反应的重复性好、工艺简单、设备配置较少、压力要求低于高压液化技术且无需气体氢反应，因而在生物质能源的开发利用中有着广阔的应用前景。

技术方案：一种用溶剂供氢由生物质制取液体燃料的方法，包括如下步骤：①对生物质原料进行预处理，包括粉碎、干燥，制成原料粉；②对溶剂进行加氢处理，制成供氢溶剂；③原料粉、催化剂和至少部分供氢溶剂混合，配制成原料浆；④将原料浆进料至反应器，进行热解、溶解和氢转移等一系列液化反应，然后进行物料的气、液、固三相分离，得到液化生成气、液化生成油和残渣；所述的反应条件为：压力为 1.5 ~ 8.5MPa，温度为 250℃ ~ 430℃，生物质反应时间为 5 ~ 50min；⑤将液化生成气冷却冷凝，并分离为干气、冷凝油和冷凝水；⑥将液化生成油进行蒸馏，得到粗产品馏分和循环溶剂馏分；对循环溶剂馏分进行溶剂抽提，分成理想氢载体和非理想氢载体组分；所述理想氢载体，即是此类在反应条件下能有效释放游离氢的物质；⑦冷凝油、粗产品馏分和非理想氢载体组分混合后进行加氢精制，经分馏制成合格燃料油产品。

第四节　山东与江苏、广东、浙江专利申请对比

一、四省专利申请趋势

综合考虑各方面因素，我们选择江苏省、广东省和浙江省作为标兵省份，将山东省

与这 3 个省份在生物质能产业的专利申请进行了多维度的比较，从而找出山东省的发展特色，并为山东省在未来的生物质能产业的规划提出初步建议。

从图 5 - 10 显示的江苏、广东、山东和浙江 4 个省份生物质能专利申请趋势可以发现：2007 年以前，3 个省份的生物质能专利申请量相差无几，且山东省在 2007 年这一年的生物质能专利申请量仍略高于另外 3 个省份；然而在 2007 年后，山东省的生物质能专利申请量的增长速度放缓，逐渐与江苏和广东两个省份拉开差距，且这个差距呈逐步增大的趋势；相对于排名其后的浙江省，山东省的专利申请量长期保持着较为明显的优势，但是到了 2015 年，浙江省的专利申请量首次超过山东省，并且有逐步赶超广东省之势。从专利申请总量来看，山东省仅比浙江省多出 200 余件，而从申请量变化趋势来看，山东省的这一点优势已被不断削弱。因此，建议山东省保持忧患意识，制定相关政策，提高研究和技术人员对生物质能技术研究和专利申请的热情。

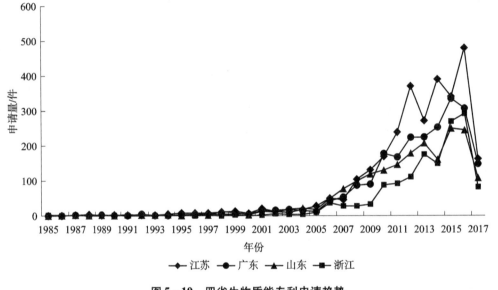

图 5 - 10 　四省生物质能专利申请趋势

二、四省专利申请类型

表 5 - 1 所示的 4 个省份生物质能专利申请类型来看，4 个省份的发明和实用新型专利申请比例均相差不大，表明 4 个省份的专利申请在技术水平及其保护价值方面均处于相近的水平。然而，4 个省份通过 PCT 途径进行的国际专利申请极少：广东省、江苏省和浙江省各有 1 件，山东省则没有 PCT 申请。作为国内生物质能领域专利申请量最高的几个省份之一，建议接下来山东可以逐步重视生物质能领域在全球范围内的专利布局，加强企业在海外竞争优势，并完善海外专利运营保护，从而将中国的研发实力展现在全球的舞台上，进一步提高中国的影响力。

表 5-1 四省生物质能专利申请类型   单位：件

省份	PCT	发明	实用新型
江苏	1	1440	1110
广东	1	982	1046
山东	0	867	876
浙江	1	705	839

三、四省专利法律状态

下面对上述 4 个省份的生物质能专利申请法律状态及其专利有效性进行对比。从图 5-11 中的专利授权率来看，这 4 个省份中，浙江省的授权率最高，为 87%，广东省和山东省紧随其后，分别为 84% 和 81%，江苏省最低，为 73%。山东省在专利申请的质量上仍有一定的提升空间。

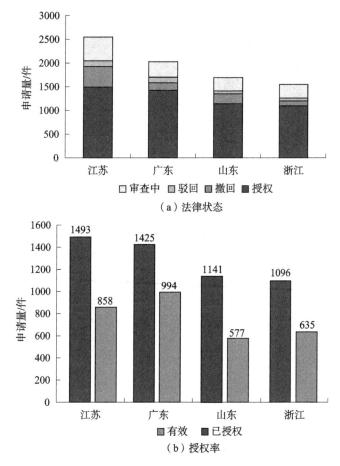

（a）法律状态

（b）授权率

图 5-11 四省生物质能专利法律状态及授权率

从图 5-11 中的 4 个省份的专利有效性来看，广东省的专利有效性在 4 个省份中是最高的，为 70%；浙江省和江苏省排在其后，分别是 58% 和 57%；山东省的专利有效性是这 4 个省份中最低的，仅为 51%。发明和实用新型专利的有效期分别为 20 年和 10 年，根据前面的分析，4 个省份在 2007 年以前的专利申请量差异很小，但是上述专利有效性数据说明山东省在专利维护方面较另外 3 个省份有一定差距，部分申请人在获得专利权后没有持续缴纳专利费，以致其丧失了原有的专利权。这也从一个侧面体现了山东省的部分专利申请虽然已经获得授权，但是其价值较低，为申请人带来的经济利益较少。

第五节　小　结

（1）山东省在生物质能领域的专利申请量位于全国第四，占国内申请总量的 7%，证明生物质能是山东省的优势产业。建议山东省继续加大政府扶持力度，制定相关政策，继续保持发展优势，并力争更进一步。

（2）山东省生物质能专利申请地域发展较为不平衡，大部分集中在青岛和济南两个城市。建议山东省的重点企业，如嘉能环保、百川同创等根据实际情况将其资源向其他城市逐渐倾斜，带动全省共同发展。

（3）山东省的生物质能专利申请中，企业和高校、科研院所的合作较少，建议加强企业和高校、科研院所的合作，促进省内科学研究和技术产业化；个人申请数量较大，建议省内各企业制定人才引进政策，积极从个人申请人中发掘人才；此外，单个申请人的申请量很小，申请人很分散，建议山东省形成产业集群，加强企业之间交流合作。

（4）山东省生物质能领域的专利申请质量仍有待提升，专利授权率和专利有效性均存在一定的提升空间，建议山东省提高科技创新能力，提升专利申请价值。

（5）全国各省在生物质能领域的 PCT 申请量均很低，而山东省则完全没有 PCT 申请，建议山东省逐步加强生物质能领域在全球范围内的专利布局，提升企业在海外竞争优势，并完善海外专利运营保护，以树立自身发展特色。

（6）山东省生物质发电、生物质燃料制备化学反应这两个方面的技术水平还有一定欠缺，建议山东省借鉴国内重点申请人的发展经验，找出一条适合本省发展的道路。

第六章　锂离子电池产业

新能源汽车是全球有效应对能源与环境挑战的重要战略举措。近年来，新能源汽车产销量呈现井喷式增长，以动力电池作为部分或全部动力的电动汽车是当前新能源汽车发展的主要趋势。锂离子电池具有比能量高、低自放电、循环性能好、无记忆效应和绿色环保等优点，是目前最具发展前景的化学储能电源，已被广泛应用于各类电动汽车中。2016 年，全球锂离子电池产品结构情况中，接近一半份额的锂离子电池产品用于各类电动汽车和电动自行车。近年来，随着我国相关政策的大力扶持和国民经济的快速发展，锂离子电池产业发展势头良好，山东省也不断涌现出优势企业，如海特电子。因此，针对国内外锂离子电池产业的专利布局和技术发展趋势进行分析，明确山东省在该产业中的整体定位，将会为山东省在锂离子电池产业未来的发展方向提供重要的指引。

第一节　全球专利申请状况

一、全球专利申请趋势

通过分析全球专利申请趋势可以获得相关产业在全球范围的技术发展周期信息。锂离子电池产业的全球专利申请量大致经历了 3 个阶段，如图 6 - 1 所示。

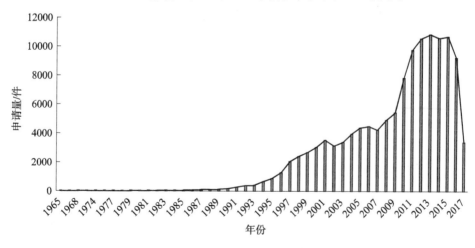

图 6 - 1　全球锂离子电池专利申请趋势

萌芽期（1989 年之前）：这一阶段的年申请量均低于 50 件，专利申请主要来源于日本、欧洲和美国，技术主题主要涉及电池材料的相关研究。由于在充放电过程中，金属锂容易产生枝晶造成电池短路，引发爆炸等安全性问题，因此早期锂离子电池发展较为缓慢。

平稳增长期（1990~1996年）：这一阶段的专利申请量平稳增长，年申请量由1990年的73件逐渐增长到1996年的732件。日本的专利申请量在此期间迅速增长，欧洲、韩国、美国也逐渐呈现增长趋势。20世纪90年代初，锂离子电池开始产业化，应用领域逐渐遍及各类电源使用领域。

高速增长期（1997年至今）：20世纪90年代初期，锂离子电池产品开发和生产的核心技术掌握在少数企业手中，整个产业技术突破困难、生产条件要求很高，专利申请量增速较为缓慢。而进入20世纪90年代末期，随着国民经济的快速发展和研发投入的不断提高，越来越多的企业和高校进入锂离子电池产业中，因此，锂离子电池相关技术不断获得突破，专利申请量开始高速增长，近年来年申请量已经连续突破一万件。

二、全球专利申请区域分布

如图6-2所示，就锂离子电池产业全球专利申请的申请国而言，中国和日本的专利申请量较为接近，均占全球申请总量的1/4左右；美国和欧洲次之，分别为14%和13%；韩国占比约为8%，排名第五位。可见，尽管中国在锂离子电池产业起步较晚，但是近年来专利申请量大幅增加，该产业的发展势头良好。

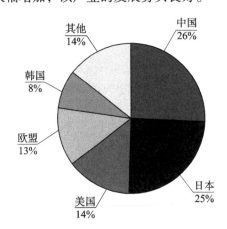

图6-2 全球锂离子电池专利申请区域分布

三、全球主要申请人和主要发明人

锂离子电池产业全球主要申请人和主要发明人如图6-3所示。数据表明，全球范围内排名前十五位的申请人中包括9家日本公司、3家中国公司、2家韩国公司和1家德国公司。可见日本企业在锂离子电池产业的技术处于领先地位，但是韩国企业三星和LG化学的专利申请量分别排名前两位，其在锂离子电池制造技术方面同样处于世界顶尖水平。在基础研究、技术发展和政策扶持下，中国锂离子电池产业已逐步形成完整的产业链，产业规模已达到与日本、韩国三足鼎立的局面。中国企业ATL、比亚迪、天津力神已经逐步凸显出竞争优势，跃居全球十大锂离子电池生产商之列。对于全球主要发明人，来自东芝的高见则雄专利申请量遥遥领先，来自宇部兴产的安部浩司排名第二位。但从全球主要申请人中可以看到，东芝和宇部兴产的排名并不十分居前，可见高见则雄和安部浩司在这两家日本企业中的核心地位。米歇耳·阿尔蒙是西班牙 CIC Energigune 研究所高级研究员，也是锂离子电池的重要奠基人，为锂离子电池的技术研发起到了重要的推动作用。LG 化学的研究团队朴洪奎、金帝映、梁斗景整体排名也比较居前，LG 化学的研发团队人员众多，技术突破能力较强，为 LG 化学在锂离子电池产业中的地位提供了保障。中国发明人包括清华大学锂离子电池实验室的研究团队何向明、李建军、王莉等人以及山东省海特电子的研究团队带头人关成善、宗继月等人，这也充分体现出山东省海特电子的综合研发实力。其余发明人分别来自威伦斯技术公司（杰里米·巴克）、三星（曹在弼）和汉阳大学校产学协力团（朴康浚）。

图 6－3　全球锂离子电池专利主要申请人和主要发明人

第二节　中国和山东专利申请状况

一、中国和山东专利申请趋势

如图 6－4 所示，我国锂离子电池产业的相关研究起步于 20 世纪 90 年代初期，经历了十几年的平稳增长期之后，从 2009 年开始进入高速增长期。对比而言，山东锂离子电池的相关研究虽然起步较晚，但是近几年发展非常迅速，同样在 2009 年前后进入高速增长期。

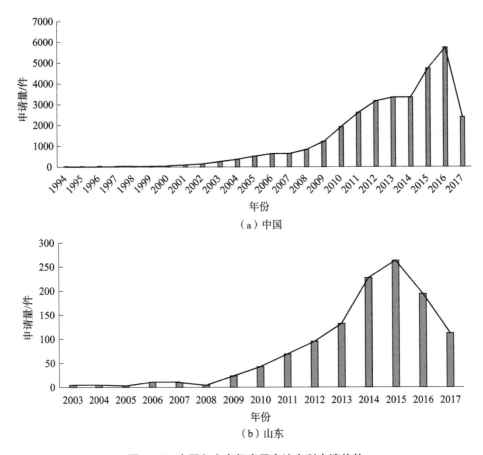

（a）中国

（b）山东

图6-4 中国和山东锂离子电池专利申请趋势

二、中国专利申请区域分布

图6-5显示出我国锂离子电池产业专利申请量排名前十位的省份。广东省在锂离子电池产业中专利申请量最大，约占国内专利申请总量的1/4，在该产业的发展中占据

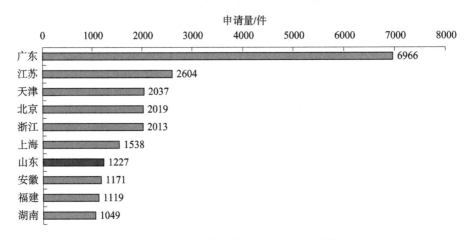

图6-5 中国锂离子电池专利申请区域分布

绝对优势地位。广东省作为我国南方的重要沿海省份之一，具备独特的地理优势和资源优势，同时我国锂离子电池产业中的龙头企业比亚迪和 ATL 旗下的东莞新能源均位于广东省，为广东省在锂离子电池产业的发展奠定了坚实的基础。江苏省、天津市、北京市、浙江省、上海市分别位居第二位至第六位，其中大部分属于沿海省份。山东省在国内锂离子电池产业中专利申请量排名第七位，但值得注意的是：除广东省外，山东省与其他省份专利申请量的差距并不是很大。因此，整体来看，山东省在锂离子电池产业方面具有很大的发展潜力，但同时也要警惕，如果山东省不能充分发挥自身优势，发展势头不能得到保持，很有可能被其排名之后的安徽、福建等省份赶超。

三、中国和山东主要申请人

锂离子电池产业国内和山东省专利申请量居前的主要申请人如图 6-6 所示。国内主要申请人中，ATL 排名第一位，下辖子公司包括东莞新能源和宁德新能源，其在电池原料、电芯、封装等技术方面独树一帜。天津力神也是国内领先的锂离子电池制造商，近年来专利申请量不断攀升。比亚迪创立于 1995 年，是一家拥有 IT、汽车和新能源三大产业群的高新技术企业，也是最早在锂离子电池产业中进行专利布局的申请人，同时也是在全球锂离子电池市场中占据份额较大的中国企业。此外，在排名前十位的企业申请人中，还包括国轩高科和比克电池等规模较大的电池企业，中南大学、清华大学等科研单位以及 LG 化学、三星、丰田等国外来华申请的企业。对于山东省来说，海特电子排名第一位，其申请量遥遥领先于其余省内申请人，是山东省锂离子电池产业的龙头企业，在国内申请人中排名第十三位，近几年来发展非常迅速，对拉动山东省锂离子电池产业的发展具有重要意义。

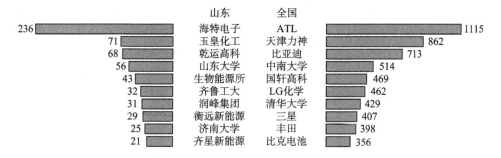

山东		全国	
236	海特电子	ATL	1115
71	玉皇化工	天津力神	862
68	乾运高科	比亚迪	713
56	山东大学	中南大学	514
43	生物能源所	国轩高科	469
32	齐鲁工大	LG化学	462
31	润峰集团	清华大学	429
29	衡远新能源	三星	407
25	济南大学	丰田	398
21	齐星新能源	比克电池	356

图 6-6　中国和山东锂离子电池专利主要申请人

四、中国和山东主要发明人

锂离子电池产业国内和山东省专利申请量居前的主要发明人如图 6-7 所示。可以看到，山东省海特电子的研究团队关成善、宗继月、张敬捧、李涛等人在山东省乃至全国的发明人当中排名都占据优势，充分体现出海特电子的科技研发实力和市场竞争意识。在国内主要发明人中，清华大学锂离子电池实验室的研究团队何向明、李建军等人在锂离子电池的研究前沿方面也做出很大贡献，很好地发挥出科研院校的研究实力。其余国内主要发明人分别来自 ATL（付成华）、海洋王照明（周明杰、王要兵）和天津力神（张娜），其所在公司均为锂离子电池产业中的重要申请人，可见，以这些主要发明人为核心的研究团队是其所在公司具备竞争实力的重要因素。类似地，山东省主要发明人同样来自于山东省的几个重要的申请人，如玉皇化工（赵成龙、王瑛、李岩）、乾运高科（孙琦、孙慧英、李岩）。

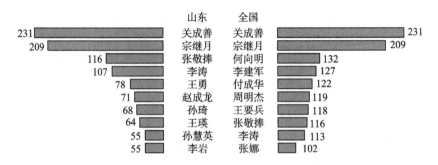

图 6-7　中国和山东省锂离子电池专利主要发明人

第三节　山东与广东、江苏专利申请对比

一、三省专利申请趋势

图 6-8 展示出山东省与广东省、江苏省锂离子电池产业的专利申请趋势。整体来看，三省的专利申请量变化趋势与国内整体变化趋势基本一致。在三省之中，山东省与江苏省起步相对较晚，并且起步时间相近，而广东省在锂离子电池产业方向发展最早，并且至今为止其发展规模和速度都遥遥领先，已经成为全球最大的锂电池生产制造基地之一，仅动力电池生产量就占据中国行业的 60%，在中国锂电池产业中占据着重要地位。这主要归因于广东省的一些锂离子电池产业中的龙头企业的带动作用，包括动力电池生产量占据中国市场将近 25% 的电动车辆锂电池企业比亚迪、享有中国聚合物锂电池黄埔军校之称的东莞新能源以及中国 18650 电池黄埔军校之称的比克电池等。

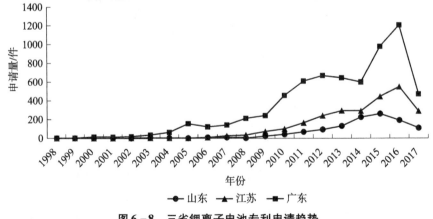

图 6-8　三省锂离子电池专利申请趋势

二、三省专利申请类型

从表6-1来看，山东与广东、江苏三省的锂离子电池产业的发明专利申请量均多于实用新型专利申请量，一定程度上反映出锂离子电池产业目前尚处于科技研发上升期，还存在一些技术前沿点可以进行专利布局。在海外专利布局方面，三省的PCT专利申请均较少，其中广东省相对较多，可以看出广东省相对更加重视在全球范围内的专利布局，加强企业在海外竞争优势。山东省目前尚未提出PCT专利申请，海外专利运营保护有待完善。

表6-1　三省锂离子电池专利申请类型　　　　　　　　　　　单位：件

省份	PCT	发明	实用新型
广东	9	4149	2516
江苏	2	1962	592
山东	0	831	366

三、三省专利申请人类型

图6-9为山东省与江苏省、广东省专利申请人类型占比状况。可以看到，在广东省的申请人之中，企业申请人占比达到83%，充分表明广东在锂离子产业方面雄厚的产业化实力，而山东省和江苏省的企业申请人占比基本相同，均为67%，尽管山东省和江苏省的专利申请量存在差异，但是可以看出山东省企业申请人的活跃度尚可，在锂离子产业方面的发展前景比较明朗。同时，江苏省高校申请人和合作申请人所占比例相对较高，说明江苏省将科研成果进行专利保护并快速推向产业化的效率非常高，这也是江苏省能够在全国锂离子电池产业中排名第二位的重要原因。因此，山东省应当继续鼓励相关企业加快研发进度，不断提高企业活跃度，同时积极推进高校与企业间的合作，互惠互利，将最新最强的研究成果尽快转化为推进相关产业发展的动力。

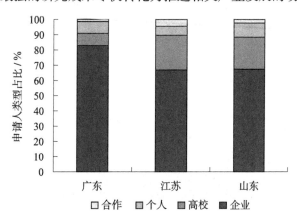

图6-9　三省锂离子电池专利申请人类型

四、三省专利法律状态

山东省与广东省、江苏省锂离子电池产业的专利申请的法律状态如图6-10所示。三省专利申请的法律状态基本相同，均以授权为主，山东与其他两省相比，主要差距依然体现在专利申请总量上的差异，但同时也可以看出，广东、江苏两省目前审查中的专利申请量依然保持领先，表明目前锂离子电池产业依然存在技术热点和竞争价值。因此，山东省也应当紧跟锂离子电池研究前沿，找准市场发展方向，积极在相关技术领域进行专利布局，尽快扭转被其他省牵制带动的局面。

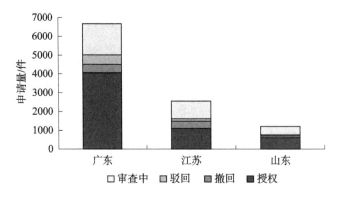

图6-10 三省锂离子电池专利法律状态

五、三省授权专利有效率

尽管山东省与广东省、江苏省锂离子电池产业的专利申请的法律状态并无较大差别，但是如图6-11所示，在三省的已授权专利中，目前专利有效率存在一定差距。其中，广东省、江苏省的授权专利有效率分别为81%、78%，而山东省相对较低，只有76%。结合前述三省的申请人类型占比状况可以知道，广东省绝大部分专利申请来自企业，而专利保护的最大受益者即为相关产业中的企业，因而显然一方面企业会投入大量人力物力进行高新技术研发，抢占技术制高点；另一方面在企业获得专利权之后，也一定会全力维持专利权的有效状态以充分获取相关专利所能带来的利益，因此，广东省的

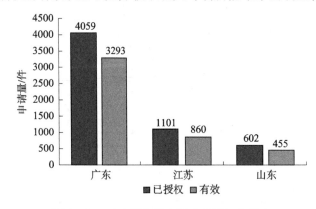

图6-11 三省锂离子电池专利授权有效率

授权专利有效率在三省中最高。对于江苏省来说，尽管其企业申请人占比与山东省持平，但其高校申请人和合作申请人占比比较突出，因而高校申请人的最新研究成果在专利化以后，可以很快找到能够进行合作的相关企业，科研成果的产业化进程进展顺利，不会造成高价值科研成果专利的资源浪费，因此，江苏省的授权专利有效率也相对较高。由此可见，山东省应当加强高校与企业间的合作，加快科研成果产业化的步伐，减少高价值专利的浪费。

第四节　山东各市专利申请状况

一、山东专利申请区域分布

通过前述国内外专利申请分析，明确了山东省在锂离子电池产业中的整体地位。具体到山东省省内来说，如图 6－12 所示，专利申请量排名前五位的城市分别为枣庄、青岛、济南、济宁和菏泽，其中枣庄、济宁和菏泽的专利申请量主要来源于各市的龙头企业——海特电子、润峰集团和玉皇化工，济南的专利申请量主要来源于以山东大学为主的高校群。从图 6－13 中可以看出，尽管青岛的专利申请量与枣庄不相上下，但是在已结案的专利中专利授权率相对较低，占比只有 56%，而其余四市的授权率相对较高。通过各市的主要申请人分析发现，青岛的申请人相对较为分散，重要申请人的专利申请涉及的技术主题又相对单一，高校与企业间的合作也较少，因此，虽然青岛具有足够的专利保护意识，但还需要提高战略意识，加强科研单位与企业之间的交流与合作，积极引导和发展优势企业，并不断寻找突破口，跳出传统的思维模式，将专利申请的涉及范围逐步拓宽。

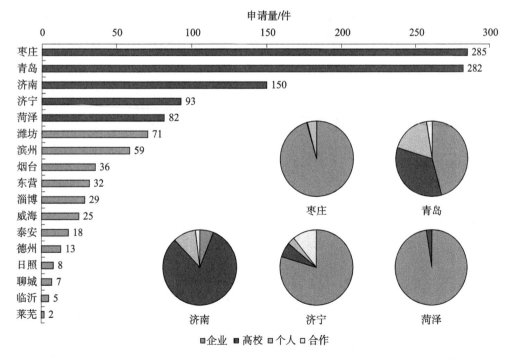

图 6－12　山东锂离子电池专利申请区域分布及专利申请量排名前五市的申请人类型

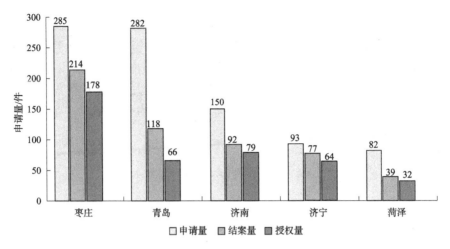

图 6-13　山东专利申请量排名前五市的专利申请量、结案量与授权量

二、山东主要申请人专利申请趋势和阶段排名变化

图 6-14 和图 6-15 分别显示出锂离子电池产业山东省主要申请人的专利申请趋势和主要申请人的阶段排名变化情况。乾运高科和玉皇化工是山东省最早进入锂离子电池产业的申请人，但并未在该产业保持持续性的发展，直到 2009 年前后锂离子电池产业才进入快速发展阶段。从专利申请量来看，排名前十位的申请人包括 6 家企业和 4 家科研单位，其中海特电子、玉皇化工、乾运高科这 3 家分别位于枣庄、菏泽和青岛的企业排名前三位，它们作为当地的龙头企业，技术研发能力非常突出。从主要申请人的阶段排名变化情况来看，海特电子、玉皇化工、乾运高科这 3 家企业和山东大学一直处于比较领先的地位，尤其是海特电子，在 2010 年以后专利申请量一直遥遥领先，为枣庄市乃至山东省锂离子电池产业的发展起到了巨大的推动作用。

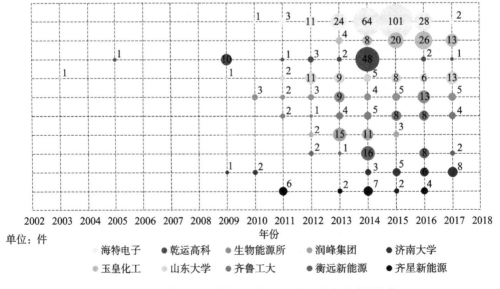

图 6-14　山东锂离子电池专利主要申请人的专利申请趋势

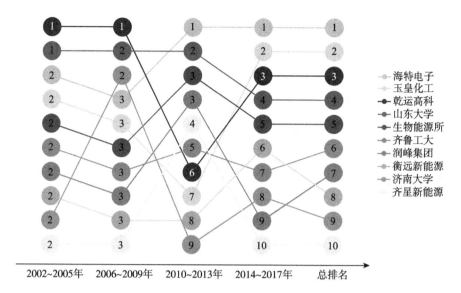

图 6 – 15 山东锂离子电池专利主要申请人的阶段排名变化

注：上述申请人按照总排名顺序从上至下依次排序。

三、山东专利申请技术主题和技术功效

对于锂离子电池产业的专利申请来说，技术主题涉及最多的是电极材料、电解质材料和隔膜材料，尤其是作为锂离子电池核心的电极材料。我们针对山东省专利申请进行标引，发现在涉及电极材料的专利申请中，技术主题最多的是制备方法及改进以及表面改性，而技术功效则主要涉及提高循环性能、简化制备工艺、提高容量、提高电导率，如图 6 – 16 所示。由于可以借鉴相关的参考文献，而且改变工艺条件对材料的性能影响最大，所以专利申请大多通过改进制备方法来达到想要实现的技术效果。但同时需要注意的是，通过掺杂元素和调整元素配比在提高循环性能方面也可以发挥作用，而目前涉及这方面的专利申请相对较少，需要克服的专利壁垒相对较小，可开发的空间相对较大。

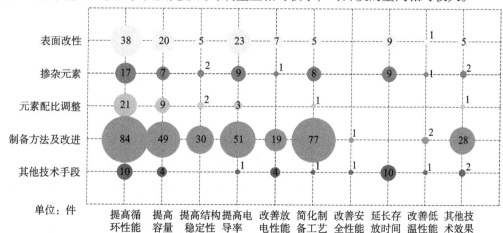

图 6 – 16 山东锂离子电池专利申请技术主题和技术功效

第五节　海特电子与比亚迪专利申请对比

基于前述分析，海特电子是山东省的龙头企业，在国内申请人排名中也相对靠前，尤其是近些年来发展非常迅速，而比亚迪是国内最早进入锂离子电池产业的申请人之一，虽然目前专利申请量在国内并非最大，但是由于比亚迪在该产业中专利布局较早，而且涉及锂离子电池的生产、制造和应用的完整的产业链，对于山东省的借鉴作用比较大。因此，将海特电子与比亚迪之间进行对比，找出差距，有针对性地发展和布局，对于海特电子乃至整个山东省的锂离子电池产业将会有很大的帮助。

一、专利申请类型与专利法律状态

如图6-17所示，从专利申请类型来看，三种类型的专利申请比亚迪均有涉及，而海特电子的PCT专利申请尚为空白，因此，海特电子在海外布局意识方面还有待加强。从两个企业的当前专利的法律状态可以看出，占比差距较大的是授权率和审查中的专利数据，可以看到比亚迪的授权率很高，但其近期的专利申请量占比有所下降，而海特电子虽然目前授权率相对较低，但其近期的专利申请量占比很大，成果输出力量很足，企业发展潜力很大。

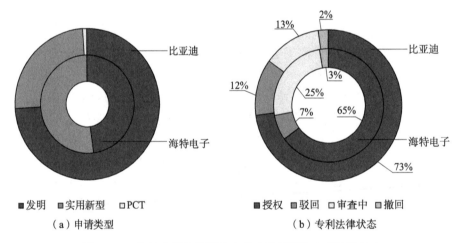

（a）申请类型　　　　　　　　　（b）专利法律状态

图6-17　海特电子和比亚迪专利申请类型和专利法律状态

二、技术主题与技术功效

如图6-18所示，从技术层面看，比亚迪在电极材料、电解质材料和隔膜材料方面均有涉及，但以电极材料为主，而海特电子几乎全部专利申请均涉及电极材料，主要原因在于海特电子起步相对较晚，而电极材料是锂离子电池的核心材料，也是提高锂离子电池性能优先改进的材料，所以专利申请的优先布局最先涉及的就是电极材料。但同时也应该注意到，由于隔膜材料和电解质材料的专利申请相对较少，遇到的专利壁垒也较少，可开发的空间较大，在电极材料方面积极布局的同时，也要针对上述两种材料的专利布局有所侧重。

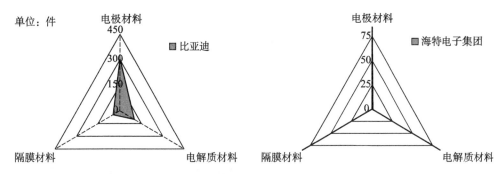

图6－18　海特电子和比亚迪专利申请技术主题分布

如图6－19所示，从两个企业的专利申请涉及的技术主题和技术功效对比来看，涉及最多的是通过制备方法的改进来提高电池的性能，而海特电子在通过表面改性提高电导率及通过掺杂元素提高电导率和简化制作工艺方面较有优势，应该加快这些方面的专利布局。同时需要注意的是，在提高结构稳定性和改善放电性能方面比亚迪可以采用不同的技术手段实现上述技术效果，而海特电子采用的技术手段相对较为单一。此外，在改善安全性能方面海特电子的专利申请还是空白，而锂离子电池的安全性问题是该产业非常重要的研究课题。因此，海特电子需要积极学习比亚迪的专利布局策略，紧跟锂离子电池研究前沿，力求在前沿领域的专利布局中尽早占据一席之地。

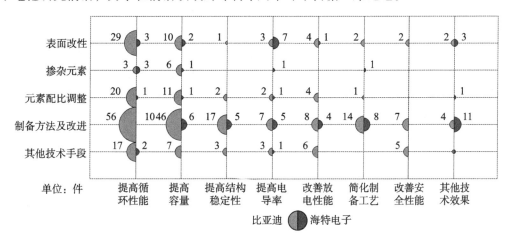

图6－19　海特电子和比亚迪专利申请技术主题和技术功效

三、比亚迪重点专利及相关建议

海特电子在隔膜材料和电解质材料方面的专利申请非常少，因此，积极学习借鉴比亚迪在这些方面的重点专利，寻求突破和解决办法是海特电子在锂离子电池产业未来发展的必经之路。以下结合比亚迪的两项重点专利进行分析，并针对海特电子未来的发展给出建议。

1. 专利 CN100533816B

专利 CN100533816B 是比亚迪在 2006 年提出申请并于 2009 年获得授权的涉及隔膜材料方面的专利，是其在该方面较早布局的专利之一。该项专利的首项权利要求为一种电池隔膜，该隔膜包括基材和分布在基材上的孔，其特征在于，所述基材含有聚酰亚胺，所述聚酰亚胺为具有下述结构式的聚酰亚胺：

其中，R_1 和 R_2 相同或不同，为各种取代烷基或取代芳基，聚合度 n 的取值使得含有该聚酰亚胺的电池隔膜的拉伸强度为 30～100 兆帕、玻璃化温度为 380℃～420℃。由于采用新型耐高温材料聚酰亚胺作为基材，因而具有优异的化学稳定性、耐高温性、良好渗透性、高机械强度，使用该专利提供的电池隔膜的锂离子二次电池，即使在 150℃ 高温下也不发生短路现象，可用于高容量和动力电池中。该项专利到目前为止仍然有效，而且被引证次数相对较高，并经历过专利许可，说明该项专利的稳定性很好，也充分体现出比亚迪在锂离子电池产业中的核心地位。

2011 年，中国科学院青岛生物能源与过程研究所在专利 CN102251307B 中引证了比亚迪的上述专利，其通过静电纺丝技术对上述专利中的相关技术进行了改进。该项专利首项权利要求为："一种聚酰亚胺基纳米纤维膜，由直径为 20～500 纳米的聚酰亚胺纳米纤维构成，膜的厚度为 15～100 微米，膜的透气率为 10～500 秒；膜上下表面及内部孔分布对称而均匀，平均孔径为 100 纳米，拉伸强度为 100～250 兆帕。"该项专利于 2013 年获得授权，目前也具有很高的被引证次数，说明该项专利的价值度较高，但同时也可以注意到，由于比亚迪在隔膜方面的核心专利布局，后期专利只能在其外沿进行布局，该项专利的权利要求保护范围相对较小。但是，鉴于该项专利存在技术优势，同时中国科学院青岛生物能源与过程研究所又是山东省本土研究单位，因此，在隔膜材料方面，建议海特电子可以尝试与中国科学院青岛生物能源与过程研究所进行合作，提高科研成果的产业化进程，达到双赢的目标。

2. 专利 CN101510622B

专利 CN101510622B 是比亚迪在 2008 年提出申请并于 2012 年获得授权的涉及电解质材料方面的专利，同样是其早期布局相关专利之一。该项专利的首项权利要求为：一种用于锂离子二次电池的电解液，该电解液由电解质、溶剂和添加剂组成，其特征在于，所述添加剂为氧化还原电对添加剂，所述溶剂为离子液体；所述添加剂含有添加剂 A 和添加剂 B，并且添加剂 A 与添加剂 B 的重量比为 0.1～10；所述添加剂 A 为式 I 所示的含有烷氧基的芳香族化合物：

其中，R 为具有 1~6 个碳原子的烷基，A_1、A_2、A_3、A_4 和 A_5 相同或不同，独立地选自氢原子、卤素、具有 1~6 个碳原子的烷基或具有 1~6 个碳原子的烷氧基；所述添加剂 B 为具有 2~3 个苯环的稠环化合物或式 II 所示的吩嗪稠杂环化合物：

$$\text{（式 II 化学结构图：吩嗪稠杂环，标注 } B_1, B_2, B_3, B_4, B_5, B_6, B_7, B_8 \text{ 及两个 N 原子）}\quad \text{II}$$

其中，B_1、B_2、B_3、B_4、B_5、B_6、B_7 和 B_8 相同或不同，独立地选自氢原子或具有 1~6 个碳原子的烷基或具有 1~6 碳原子的酰基。由该专利的电解液所制得的锂离子二次电池的高温性能、过充性能、高温储存性能、低温放电性能、倍率放电性能以及组合电池的循环性能很好，特别是电池安全性能有显著提高。该项专利同样被引证次数为 15 次，并经历过专利许可。

2013 年，山东鸿正电池材料科技有限公司在比亚迪的上述专利基础上通过添加高温和高电压添加剂获得耐热、耐高压电解质材料，解决了锂离子电池电解液与 4.35V 高电压电池正负极适配的问题，提供了一种高循环寿命、低气胀率、良好高温性能的高电压电池用电解液。该项专利的首项权利要求为："一种用于高电压锂离子电池的非水电解液，其特征是：包括以下重量配比的原料按以下工艺制成：在室温下，通有干燥空气且水分 <20ppm 的手套箱中，用电子天平准确称量原料碳酸乙烯酯 31.76 克、碳酸二乙酯 37.70 克、碳酸甲乙酯 7.94 克、碳酸亚乙烯酯 1.50 克、1，3 - 丙烷磺内酯 2.50 克、氟代碳酸乙烯酯 4.00 克、丁二腈 1.00 克、四氟硼酸锂 1.00 克、六甲基二硅胺烷 0.02 克、亚磷酸三甲酯 0.08 克和六氟磷酸锂 12.50 克；然后将上述各种原料加入带磨口的锥形瓶中，并搅拌至六氟磷酸锂完全溶解，且各有机溶剂混合均匀，得到 100 克非水电解液。"该项专利于 2015 年获得授权，仅仅两年时间，该项专利的被引证次数已经有 18 次，同时还经历过转让，充分体现出该项专利的高价值度，也显示出山东鸿正电池材料科技有限公司在锂离子电池电解质材料方面的研究实力。同时，山东鸿正电池材料科技有限公司同样位于枣庄高新技术开发区，在锂离子电池产业枣庄申请人排名中位列第三位。因此，在电解质材料方面，海特电子可以尝试与山东鸿正电池材料科技有限公司进行合作，强强联合形成企业联盟，共同带动枣庄高新技术开发区乃至整个山东省的相关产业向前发展。

第六节　小　结

通过分析国内外锂离子电池产业的专利布局和技术发展趋势，明确了山东省在该产业中的整体定位和优势差距，主要结论如下。

（1）锂离子电池产业的全球专利申请量大致经历了萌芽期、平稳增长期、高速增长期 3 个阶段，其中日本最早进入锂离子电池产业，中国在锂离子电池产业方面起步较晚，但从 2009 年开始，专利申请量呈现大幅上涨，逐渐成为该产业中的主要申请来源国。但是，全球排名前十五位的申请人中只有 3 位中国申请人，并且排名相对靠后，而日本申请人多达 9 位，表明中国核心企业的专利竞争力和布局意识还有待增强。

（2）中国锂离子电池产业的相关研究起步于 20 世纪 90 年代初期，从 2009 年开始进入高速增长期，山东省锂离子电池产业的发展趋势与全国趋势类似。山东省在国内锂离子电池产业中专利申请量排名第七位，但是除排名第一位的广东省外，山东省与其排名先后的省份专利申请量差距并不很大，在锂离子电池产业方面具有很大的发展潜力。

（3）与国内专利申请量排名前两位的广东省和江苏省相比，山东省目前尚未提出PCT 专利申请，海外专利运营保护有待完善。从申请人类型来看，广东省企业申请人占比达到 83%，充分表明广东省在锂离子产业方面雄厚的产业化实力，而山东省和江苏省的企业申请人占比基本相同，均为 67%。在三省的已授权专利中，目前山东省专利有效率相对较低，广东省绝大部分专利申请来自企业，而专利保护的最大受益者即为相关产业中的企业，因此授权专利有效率在三省中最高；对于江苏省来说，其高校申请人和合作申请人占比比较突出，因而高校申请人的最新研究成果在专利化以后，可以很快找到可以进行合作的相关企业，因此江苏省的授权专利有效率也相对较高。

（4）山东省省内各市中，锂离子电池产业专利申请量排名前五位的城市分别为枣庄、青岛、济南、济宁和菏泽，其中枣庄、济宁和菏泽的专利申请量主要来源于各市的龙头企业海特电子、润峰集团和玉皇化工，济南的专利申请量主要来源于以山东大学为主的高校群，但青岛的申请人相对较为分散。

（5）位于枣庄的海特电子在山东省申请人中专利申请量排名第一位，在国内申请人中排名第十三位，近几年来发展非常迅速，对拉动山东省锂离子电池产业的发展具有重要意义。通过与国内重要申请人比亚迪的对比发现，海特电子在专利布局、技术偏重和专利转化等方面还存在差距。针对海特电子目前在技术偏重上的不足之处，给出了与中国科学院青岛生物能源与过程研究所和山东鸿正电池材料科技有限公司相应的合作建议。

第七章　核能产业

近年来，对核能的利用越来越多，核能的发展也是世界各国主要方向之一。核电发展一直以来是我国的国家战略，《中国制造2025》也需要核电拉动国家制造业的发展。我国核电产业的发展，从完全引进核电站技术逐渐发展到完全自主化，从依赖进口核电站装备到大部分实现国产化，核电厂规模从1991年建成的30万千瓦秦山核电站发展到现在以百万千瓦为主力的37台机组共3580万千瓦的在运核电规模，取得了很大的成就。与此同时，借着"一带一路"的东风，中国核电企业也在世界各地开始征战，以"华龙一号"为主打的自主研发核电技术已成为"中国名片"。本章就从专利的角度来分析中国核能产业的发展情况并对山东省核能产业的发展提出建议。

第一节　中国和山东专利申请状况

一、中国和山东专利申请趋势

核能产业在我国起步较晚，且是从开始的完全用于军工逐步开始军转民，但发展极为迅速。图7-1所示为核能在中国的专利申请趋势情况，可以看出，核能方向的专利申请量在2005年以前较少，处于萌芽阶段；2006年开始，专利申请量快速增长，这与我国的政策规划是分不开的，在"十一五"规划（2006~2010年）中明确提出了优化发展能源工业，积极发展电力，积极推进核电建设，重点建设百万千瓦级核电站，加强核燃料资源勘查、开采、加工工艺改造以及核电关键技术开发和核电人才培养，在之后

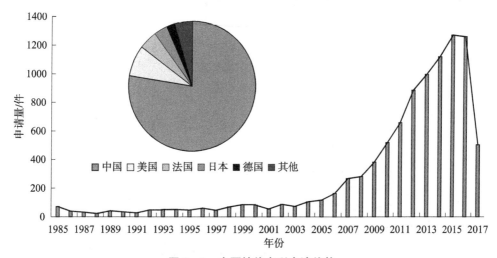

图7-1　中国核能专利申请趋势

的"十二五"和"十三五"规划中也都明确提出了我国核能的发展目标。从申请人的构成来看,国内申请人的占比较大,超过了75%,说明国内申请人重视核能在本国的专利布局,国外申请人对中国的市场也比较重视,尤其是美国,其申请量明显高于其他国家的申请人。

山东省在核能方向的专利申请趋势基本上与中国的申请趋势相同,见图7-2。在2005年以前申请量极少,处于萌芽阶段,从2006年开始申请量逐步变大,可见山东省在国家的大环境下也在一直努力发展核能。近几年山东核电建设也取得了重要进展,然而,山东省在核能的技术创新方面还比较薄弱,相关专利布局与申请量上还有待提高。

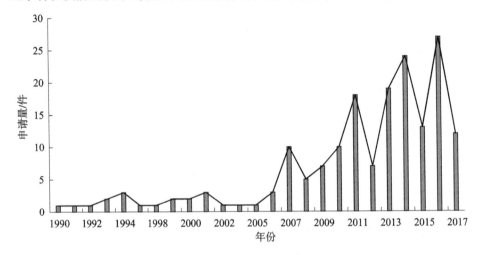

图7-2 山东核能专利申请趋势

二、中国专利申请区域分布

从图7-3可以看出,北京市的申请量最大,其次是广东省和四川省,山东省在核能方面的专利申请量在全国排名第十位,且排名第一的北京市的申请量是山东省申请量的十倍左右,可见山东省在核能方面亟须加强专利布局。

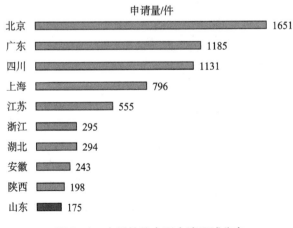

图7-3 中国核能专利申请区域分布

排名前几位的省市中都有申请量较大的申请人，如北京市比较突出的申请人有中国核电工程有限公司、清华大学和中国原子能科学研究院，广东省的中广核集团，四川省的中国核动力研究设计院等，而山东省的申请人就相对较为分散，这也是山东申请量不高的主要原因。

三、中国和山东申请人类型逐年变化趋势

图7-4显示了专利申请人类型的变化趋势，可以看出随着时间的推移，我国核能方向产业化进程良好，个人申请人的占比越来越少，企业申请人的占比越来越大，与此同时，在其整个发展进程中，高校和科研单位的申请人依然占据大比例，可见我国核能的产业化展前景还是相当广阔的。加强合作，进一步促进产业化发展进程必将核能产业的发展推向一个新的高潮。在国内核能产业化进程良好的情况下，反观山东省就会发现，虽然山东省的企业申请人的占比在逐步变大，但山东省的核能专利申请量整体比较少，且个人申请的占比仍然是一半以上，山东省在核能产业的发展道路上还有很长的路要走。

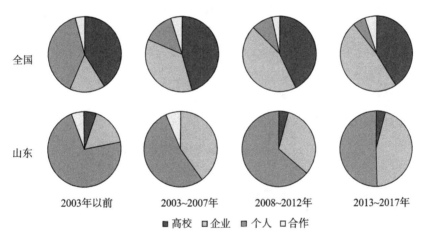

图7-4　中国和山东核能专利申请人类型逐年变化趋势

四、中国主要申请人

图7-5所示为核能前十位申请人的排名。从申请人国别构成来看，前十位的申请人全部为中国申请人，说明我国的企业和研发机构对核能投入了较多的关注，且非常注重在本国的专利布局。从申请人排名中可以看出，中国广东核电集团有限公司的申请量最大，其次是中国核动力研究设计院。中国广东核电集团有限公司（简称中广核集团），由核心企业中国广核集团有限公司和30多家主要成员公司组成，排名前十位中的中广核工程有限公司、中国广核电力股份有限公司、中科华核电技术研究院有限公司和大亚湾核电运营管理有限责任公司均是中广核集团的成员公司，中广核集团较为注重核能方向的专利布局，成员公司之间也有较多的联合申请的专利。中国核动力研究设计院隶属于中国核工业集团公司（简称中核集团公司），中核集团公司由100多家企事业单

位和科研院所组成,除了中国核动力研究设计院,排名前十位中的中国核电工程有限公司和中国原子能科学研究院也都隶属于中核集团公司。排名第四位的上海核工程研究设计院隶属于国家核电技术公司(简称国家核电),国家核电旗下也有30多家企业,2015年国家核电和中国电力投资集团公司联合重组国家电力投资集团有限公司(简称国家电投),其与中核和中广核形成中国核电建设版图"三分天下"的局面。清华大学在核能方向的申请量位居第六,科研实力也是相当雄厚。山东省在核能方向排名前两位的企业申请人为青岛天和清原科技有限公司和青岛优维奥信息技术有限公司,申请量均为个位数。从专利申请数量上来看,山东省想要发展核电产业,引进龙头企业的技术和人才,加强与龙头企业和科研院校的合作势在必行。

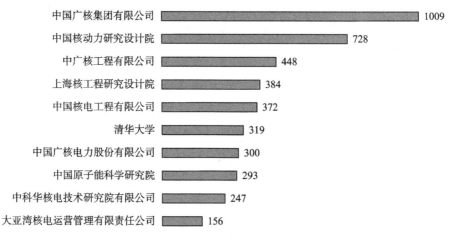

图 7 –5　中国核能专利主要申请人

五、中国和山东专利申请技术主题

图 7 –6 显示核能方向专利申请的技术主题分布情况。可以看出我国核能方向的专利申请大部分都集中在 G21C 核反应堆的技术分支,其次是 G21F 涉及防护和放射性污

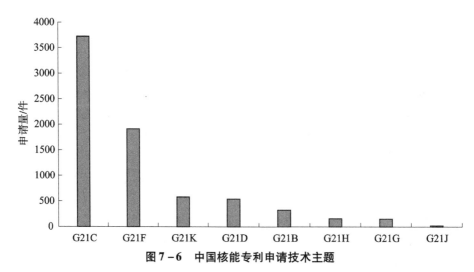

图 7 –6　中国核能专利申请技术主题

染材料的处理和处理装置，然后是 G21K 其他处理技术和 G21D 核发电厂。山东省专利申请的技术分布与我国核能整体技术方向不完全相同（见图 7-7），主要集中在 G21F，其次是 G21C 和 G21K，对于 G21H 放射源辐射和宇宙射线的应用以及 G21J 核爆炸方面完全没有涉及。山东省核能方向专利申请量排名前两位的申请人的技术主题分布都集中在了 G21F，其中青岛天和清原科技有限公司的专利申请主要涉及放射性废物处理装置，青岛优维奥信息技术有限公司的专利申请主要涉及含铀、钽、铍的复合材料。山东省在核能产业的发展上，在努力发展现有优势技术 G21F 的同时，也应努力发展其他方向的技术。

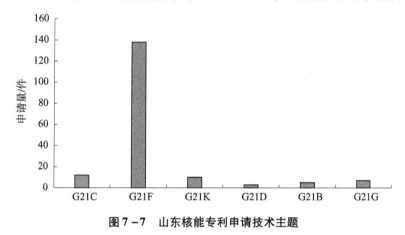

图 7-7　山东核能专利申请技术主题

六、中国主要发明人的技术构成

我国在核能方向的专利申请大部分都集中在 G21C 核反应堆的技术分支，通过分析排名前十位的发明人的技术构成（见图 7-8），可以看出大部分发明人的发明重点都集中在了 G21C15 对核反应堆的冷却的改进，中广核集团的李伟才在 G21C3 反应堆燃料上有着绝对的优势，清华大学的张作义在 G21C19 用于核反应堆的处理燃料或其他材料上

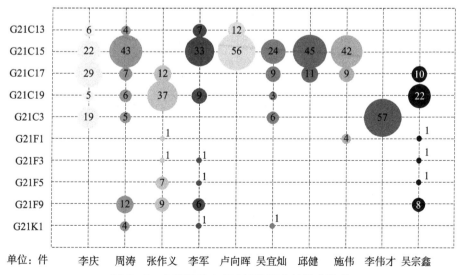

图 7-8　中国核能专利主要发明人的技术构成

的研究比较多,中核集团的李庆在 G21C17 控制监视测试上有着一定的优势。山东省在发展核能产业时可通过引进相应的技术人才来加速发展的步伐。

第二节　小　结

通过对中国和山东省核能专利申请的分析,对当前中国和山东省的核能发展态势有了宏观认识,对其进行梳理,并对山东省的核能发展提出建议。

(1)中国核能专利申请前景广阔。我国核能产业虽然起步较晚,但发展极为迅速,这与我国发展核能的政策导向是分不开的。

(2)山东省在核能方面亟须加强专利布局。我国各省市的核能方向专利申请量,山东省排名第十位,排名第一的北京市的申请量是山东省申请量的 10 倍左右。排名靠前的省市在该领域都有龙头企业,而山东省的专利申请人较为分散,且个人申请占据较大比例,应考虑重点扶持部分有潜力的申请人。

(3)山东省在核能产业的发展上,在努力发展现有优势技术的同时,也应努力发展其他方向的技术。山东核能专利申请的技术分布与我国整体情况略有不同,对 G21F 涉及防护和放射性污染材料的处理和处理装置的研究比较多,在发展其他方向的技术时可通过引进人才、加强交流与合作来进行推动。

(4)提高专利保护意识。从核电发电量来看,山东省烟台核电产业发展较好,但从核能专利申请量来看,并无明显优势。山东省申请人应当提高专利保护意识,注意自身专利的挖掘和优化组合。

第八章　新能源产业新旧动能转换分析及建议

　　能源是国民经济发展的物质基础，关系到国计民生和社会稳定。推动能源生产和利用方式变革，调整能源结构，构建安全、稳定、经济、清洁的现代能源产业体系，对于保障我国经济社会可持续发展具有重要战略意义。新能源与常规能源相比具有储量丰富、低污染和可循环使用等特点，随着环境问题的日益突出以及常规能源的日趋短缺，新能源逐渐受到各国重视。发展新能源产业、减少温室气体的排放势在必行，而山东省作为我国经济大省和能源利用大省，随着国民经济的快速发展，能源供需矛盾日益突出，如何保障能源有效供给成为当前社会经济发展的重中之重。因此，调整能源消费结构，转变能源生产与消费方式，提高能源利用效率，减少工业能耗，加快对新能源的开发，推动区域内能源产业结构的调整，实现能源的有效供给是当今环境下的重要课题。综合考虑当前新能源产业发展现状和山东省资源优势，本书选取了太阳能产业、风能产业、生物质能产业、锂离子电池产业和核能产业进行相关专利分析研究，通过整理上述几个产业在国内外及山东的专利分布态势、技术发展趋势和相关领域主要申请人的研发动态，给出如下发展建议。

第一节　新能源产业整体形势分析及发展建议

一、针对山东的整体建议

　　新能源是全球各国重点发展的产业，也是我国的战略新兴产业之一。新能源产业专利申请整体呈现稳步上升态势，中国、美国分别排名专利申请量的第一、第二位。中国新能源产业虽然起步较晚但是发展十分迅速，相关的技术研发较为活跃，专利申请量增长速度排名第一，中国新能源产业完成了从新能源产业起步到世界第一的发展历程。我国新能源产业市场尚处于上升期，一个统一的规模化的市场将给予新能源产业非常巨大的发展潜力；相比之下，发达国家能源需求趋于饱和，新能源产业专利申请量逐渐放缓，其主要发展方向将为相关技术创新，实现传统技术突破。

　　中国新能源产业专利申请经历了"平稳发展—调整—快速增长"的阶段，随着我国能源需求的增加，相关专利申请还会继续增加。2002 年以前整体专利申请量较少，新能源产业发展处于初期探索阶段，技术创新主体通过专利手段保护技术研发的意识有待加强；2003 年开始，我国新能源产业的专利申请量增速大幅提升，专利申请量出现跳跃式增长；2012～2014 年新能源产业专利申请量增速减缓，进入缓慢调整期；2015 年开始，新能源产业的专利申请进入高速发展阶段，专利申请量增长速度突飞猛进。

从整体来看，中国新能源专利技术的快速发展主要驱动力是政策鼓励，中国新能源产业的迅猛发展体现了中国新能源政策的优越性，坚持以政府为主导，集中力量优化资源配置，充分调动了企业积极性。但是，在中国新能源产业尚不能摆脱政策扶持和补贴的背景下，其存在盲目投入、产能过剩、产业化可行性不高的隐患，因此，如何实现新能源产业专利申请大国向新能源产业专利技术强国的转型是我国新能源产业良性发展亟待解决的问题。未来一段时间内，新能源产业专利申请量在保持良性增长的态势下也必然会出现周期性的调整，在这一阶段保证高价值专利的有效转化、提升专利布局有效性、抢占相关技术专利控制制高点是新能源产业自我持续发展的关键。

中国新能源产业专利申请主要为国内申请，相对于国内庞大的专利申请量，海外专利布局严重偏低，相关企业对于国外主要区域市场认识不足，缺乏清晰的专利战略，导致我国新能源产业仍是"本土作战"。同时在国外申请专利占比较小的情况下，也要充分警惕国外相关技术发展情况，由于发达国家新能源产业起步较早，相关技术产业链发展较为完善，核心专利控制力较强，进而国内企业在进行海外市场拓展时要充分做好专利预警工作，在加强技术创新的同时充分发挥知识产权保驾护航的作用。

从新能源产业专利申请区域分布来看，其产业集群化特征显著，多分布于经济发达地区，科研基础雄厚、产业链规模化、研发生产能力强的区域成为新能源产业专利申请量高的决定因素；反过来，新能源产业作为战略性新兴产业，其快速发展对区域经济的支撑作用越来越凸显，新能源产业作为高技术产业投资带动经济发展作用突出，二者相辅相成，呈现良性的共生发展态势。因此，山东省在实现新能源产业的快速发展的路程中，一方面，必须加大政策强度，提高区域吸引力，新能源产业门槛较高，涉及多个领域且学科跨度广，专业技术人才储备量少是制约产业发展的瓶颈；另一方面，要避免只注重数量累积的"大跃进"发展模式，粗放型的发展必然会导致资源浪费、下游容量小等现象，因此制定合理的产业发展规划，引导企业良性发展，研发高效实用的新能源产品是实现新能源产业可持续发展的重要保障。

与江苏省、广东省相比，山东省实用新型专利申请数量多于发明专利申请，而由于实用新型专利相比于发明专利技术含量较低、保护周期也明显较短，从侧面反映出山东省在新能源产业发展方面的研发实力有待进一步提高，应进一步强化创新意识、提高创新活力。在专利申请人类型转化方面，山东省、江苏省、广东省均实现了由个人申请为主到企业申请为主的转变，但相比之下，山东省的转变速度较慢，其企业申请占有率仍低于江苏省、广东省。而企业相对来说研发体系较为完善，技术成果转化率较高，有利于整个产业链的技术水平整体提升，为新能源产业的可持续性发展提供了保证；另一方面，在企业专利申请数量显著增加的情况下，逐步建立企业间甚至产业间的联盟合作，可以将专利技术成果作用最大化。由于各区域资源禀赋差异，山东省、江苏省、广东省的新能源产业各分支的重点发展方向有所不同，其中山东省、江苏省均形成了以太阳能产业为主导的新能源发展结构，而广东省锂离子电池产业成熟度较高，因此，山东省在发展各产业分支的过程中应根据自身产业发展情况结合区域发展特点，寻找各产业优势企业的核心技术，弥补自身发展过程中的短板。同时，为尽量减少产业竞争白热化导致的成本增加及技术突破难度，新能源产业发展也应探索尚未成熟的、相对不稳定的且具有良好发展前景的产业链进行专利布局，抢占产业发展的制高点。

针对山东省新能源产业的未来发展，提出如下建议：

第一，能源变革离不开政策引导和推动，新能源产业作为典型的政策鼓励型产业，其良性发展需要政策的引导支撑。新能源产业大多是资金密集型和科技密集型产业，而且国内各省份新能源产业发展水平不平衡，同时，新能源产业要摆脱完全由政府主导和依靠政府补贴的发展模式，就必须不断推进产业技术的进步。因此，山东省在制定引导政策时要充分考量各省份的资源状况、经济发展水平，有针对性地借鉴标兵省份的发展路线，比如在制定锂离子电池产业方面的政策时，可以重点参考广东省采取的方法和举措，同时，山东省新能源产业的发展需要巩固当前在太阳能产业等产业的技术优势，掌握具有自主知识产权的核心技术，形成较为完善的技术创新和支撑体系，并逐步建立以新能源市场为导向、以新能源企业为主体，建立新能源产业技术创新体系，推动能源技术进步，为新能源技术进步创造良好的政策环境。同时，着力加强政府的统筹与指导，发挥规划引导和政策激励作用，坚持政府引导与市场驱动相结合。

第二，目前国内外对新能源发展的高度重视为新能源产业发展提供了良好的宏观环境，在整体新能源产业专利申请量大幅增长的强劲发展势头下，相关部门要加强监管措施，同步推进新能源产业发展和推广应用工作，加快新能源技术的产业化进程，完善新能源产业发展环境，以市场需求推进产业发展，以产业发展推进应用推广，建立良性的发展循环。加强典型示范引导，支持地方建设国家节能与新能源应用试点城市，加快建设一批新能源示范项目，保证新能源产业研发技术成果得到有效转化。同时充分发挥新闻媒体作用，宣传开发利用新能源的重大意义，普及新能源知识，增强社会认同感，营造有利于新能源产业发展的舆论氛围。

第三，无论是从全球来看还是国内来看，新能源产业的核心技术大多掌握在国外企业手中。近年来虽然国内申请人的专利申请量大幅增长，但是基本都属于外围专利，专利申请数量多不代表技术竞争实力强，不良专利的累积只会消耗人力、财力。尽管我国新能源产业专利申请数量位居第一，但是专利申请的整体质量仍有待提高。山东省新能源产业专利申请量在全国排名第五位，总体来看山东省实用新型专利申请数量多于发明专利申请，但是实用新型专利保护周期短、专利稳定性差，在作价入股、转让许可、融资投资过程中的评估作价较低，对申请人的利益保护性小，不利于活跃技术交易市场。同时，山东省新能源产业整体的 PCT 专利申请数量均较少，甚至在一些产业尚为空白，海外布局意识还有所欠缺。因此，山东省应当转变思路，从追求专利数量到追求专利质量，积极借鉴标兵省份的发展经验和先进技术，大力支持发展优势产业，鼓励企业进行可持续性的研究，将更多的研发力量和资金投入到尖端技术的开发中，重点关注领域最新技术动向，跟上世界一流公司的技术发展水平，甚至要引领技术发展潮流，做出开拓性的发明。创新主体要在现有技术的基础上，采用先进、科学、合理、专业的专利挖掘方法，获取高质量、高价值的专利，以价值高、稳定性高的发明专利代替质量低、稳定性低的实用新型专利，同时要提高专利保护意识，学习和借鉴国外企业的专利申请和保护策略，注重自身专利的挖掘和优化组合，积极向国外市场进行专利布局，提升企业在海外的竞争优势，完善海外专利运营保护，以树立自身发展特色，尽早在国际竞争中占据有利地位。

第四,培养一批新能源产业领军型复合人才,加强太阳能产业、风能产业、锂离子电池产业、生物质能产业、核电产业等新能源产业相关的学科建设,培养研发与技术应用型人才,积极引进新能源产业的科技领军人才和科研创新团队。在新能源产业专利申请人类型占比上,高校等科研院所专利申请呈现逐渐增加态势,高科技人才是企业技术研发保持领先的核心生命力,然而受限于资金支撑、转化平台缺位等因素,导致其成果转化进程较慢。因此,为进一步提高科研成果转化,一方面,要通过制定财政、金融、担保等政策,弥补成果转化在资金、风险方面的缺陷和不足,实现科技成果转化市场的有序良性发展;另一方面,要鼓励健全科技成果转化服务体系,建立新能源中介服务平台,鼓励发展工程建设、技术咨询、信息服务、人才培训为主的中介服务,加强中介服务体系建设,强化行业指导,提高服务质量和水平,为新能源产业发展创造良好环境。

第五,虽然山东省在新能源产业方面具备了一定的发展基础,但是部分产业的关键技术还未掌握,核心零部件仍依赖进口,产品生产成本过高,不能满足大规模实际生产应用。因此,山东省在制定新能源产业整体规划时,要立足现有核心技术,逐步推进和实现新能源产业的全面发展,同时,积极攻坚技术难点,抢占未来新能源产业发展制高点。积极应用成熟技术发展新能源,开拓市场,谋划长远发展战略,强化基础工作,重视研发具有发展前景的关键核心技术,为新能源产业持续健康发展奠定基础。山东省申请人要巩固自身已有的技术优势,将产业核心技术做大做精,充分挖掘核心专利技术的潜在专利布局,同时,通过课题立项等方式在尚未成熟的、相对不稳定的且具有良好发展前景的产业链进行专利布局,积极拓展研发思路,争取突破技术瓶颈,占领相关产业技术发展制高点,乘势进军国内外市场,进一步取得有力竞争地位。而对已形成专利壁垒的技术可以采取集资引进、联合二次创新模式,对未来可能面临较大专利风险和制约的相关产业技术,可以指导企业开发出一批围绕核心专利的应用技术专利、组合专利、外围专利,在形成一定的筹码后,通过交叉许可、转让等方式寻求市场发展空间。

二、针对山东各市的建议

由于山东省各市的地域特点和资源优势存在差异,各城市新能源产业发展情况有着显著不同,也为不同地区产业错位发展、分工与合作提供了空间和可能。其中,青岛、济南是新能源产业发展良好的代表城市,新能源产业发展遥遥领先其他城市,青岛、济南作为中心城市,其专利申请数量的大幅领先得益于其雄厚的经济发展基础、良好的科研创新氛围、充实的科技人才储备。为防止形成中心城市对周边城市资金、资源、人才形成"倒吸力"的情况,要积极形成优势区域良性辐射态势,加强各地区政府之间对新能源产业发展的协调沟通,通过建立跨行政区域的组织协调机制,在全省范围内形成统一的新能源区域战略发展规划。结合各地市的资源禀赋及发展规模,推动重点区域产业差异化、特色化发展,推动太阳能产业、风能产业、生物质能产业、锂离子电池产业、核电产业等各大新能源产业对接合作,促进产业有序转移和加速集聚,推动形成优势互补、互利共赢区域发展新格局。加大区域统筹力度,实施区域共同发展战略,深入推进产业、财政、科技、人才的转移,增强区域发展协调性,为全省发展拓展空间、增加动力，同时还要充分考虑各区域的自身经济发展现状及新能源发展基础，注意新能源的开发需求与消纳能力拓展，避免产生供需失衡的现象，在着力发展各区域新能源产业时，要切实做到供需协同发展。

山东省各市新能源各分支产业占比相差很大，有些城市发展并不均衡，因此在进行城市规划和发展时，应当立足本市基本情况，充分发挥资源和地域优势，在新能源产业发展中要聚焦优势产业，推动产业升级；同时不断提升产业园区软硬环境，引导产业集群。在壮大市场主体的过程中，要做大做强大型骨干企业，做优做精中小企业，鼓励骨干企业不断完善产业链的专利布局，引领中小企业对核心技术的研发，实现多方位、多层次的企业专利布局模式。在重点发展优势产业的同时，积极引进弱势产业的优秀人才，力求实现各分支产业间的动态发展平衡。在进行人才引进时，可以吸纳山东省相关产业中优质个人申请的发明人和团队，也可以关注重要高校申请人的相关发明人。优质高校资源大多分布在济南和青岛两市，因此这两市的高校申请在整个山东省中也占据优势地位。高校和科研院所是技术研发不断获得突破和发展的重要推手，但是高校和科研院所也存在自身的弱势，缺乏产业化意识和能力，从而导致一些重要专利成果转化利用效率很低，造成资源的严重浪费。因而对于其他城市来说，尤其是对于位于其他城市的相关产业中的龙头企业来说，当其研发出现瓶颈，技术难以获得突破时，当地政府积极引导和推动相关企业与其他市的科研院所之间进行合作，促成产学研优势互补，将会对于当地相关产业的发展起到重大的推动作用。

龙头企业对于当地相关企业的快速发展具有巨大的推动作用，作为产业链的核心环节，龙头企业可以充分发挥骨干力量，在贯通上下游、对外开拓、技术开发和技术创新等领域全面发力，带动区域相关企业集群发展，推动产业成熟壮大。特别是在高新经济区的建设中，龙头企业的带动可以吸引一大批科技含量高、研发能力强的企业落户，逐步形成一个带动一批的集聚效益。因此山东省各地区政府站位当地基本情况，找出自身资源优势和发展特点，积极扶持建立各新能源产业中的龙头企业，在主导产业明晰的基础上，依托龙头企业带动，实现产业链式发展。在此基础上，借助行业与企业的自组织协调机制，尤其是大企业集团的企业内部化，实现跨区域经济要素的组合，提高全省范围的资源配置效率。

第二节　太阳能产业分析及发展建议

一、针对山东的整体建议

近年来，由于全球气候变暖、生态环境恶化、常规能源短缺等问题，发展可再生能源得到各国政府的重视和支持。随着全球对能源和环境的重视程度不断提高，推动新能源领域尤其是太阳能行业的发展成为各国普遍达成的共识。2015 年 12 月 12 日，广泛关注的《巴黎协定》在全球第 21 次气候变化大会中通过，有 195 个国家和地区代表联合约定加快可再生能源市场的计划进度。众多国家和地区纷纷提出相关产业发展计划，在太阳能技术研发和产业化方面不断加大支持力度，全球太阳能发电进入规模化发展阶段，欧洲、澳洲等传统市场保持持续稳定增长趋势，印度、南美、东南亚等新兴市场也快速启动，太阳能发电在全球得到了愈发广泛的应用，太阳能产业逐渐演变为众多国家的重要产业。

在技术进步的推动和各国政府的激励政策驱动下，全球太阳能产业得以迅速发展，2005~2012年光伏行业的发展主要得益于欧洲市场的主导，自2012年以来，美国、中国以及亚太等其他地区和国家的太阳能发展速度已超越传统欧洲光伏市场，占据主导地位。目前，全球的太阳能产业主要集中在中国、日本和美国等地区。太阳能产业的全球专利申请多达二十多万件，中国已经成为世界最大的太阳能产业国，中国太阳能产业在全球专利申请中共计54629项，总量位居全球第一，日本和美国的专利申请总量分别为48006项和31792项，总量分别位居全球第二、第三。

全球太阳能行业的发展在时间上大致经历了萌芽期（1969~1975年）、缓慢发展期（1976~1980年）、低谷期（1981~1991年）和快速发展期（1992年至今）4个阶段。区域上，目前全球的太阳能产业主要集中在中国、日本和美国等地区，在全球排名前十位的申请人中，日本的申请人有5位，其他申请人主要来自韩国、中国和德国；在全球排名前十位的发明人中，中国有3位，且中国海洋王的周明杰排名第一，其他发明人主要集中在日本、美国、韩国。

我国太阳能行业的发展起步较晚，正式起步只有十多年的时间，但是我国太阳能的发展具有众多的优势：一是我国幅员辽阔，地理位置优越，全国2/3的国土面积年日照小时数在2200小时以上，年太阳辐射总量大于每平方米5000兆焦，属于太阳能利用条件较好的地区，与同纬度的其他国家相比，与美国相近，比欧洲、日本优越得多，因而具有巨大的开发潜能，开发利用前景广阔；二是我国出台了一系列的政策支持太阳能的发展。早在1992年我国就出台了《环境与发展十大对策》，提出要发展太阳能、风能等清洁能源。1995年制定了《新能源和可再生能源发展纲要》，明确了把发展新能源作为中国优先发展的项目。1996年，国家经委《"九五"新能源和可再生能源产业发展计划》指出，在"九五"期间要发展大型高效太阳能集热器产业等具体的发展目标。随后国家还密集启动了一系列太阳能扶持项目和激励政策，特别是近几年，在我国倡导建设节约型社会、倡导节能减排的大环境下，为促进太阳能产业持续健康发展，加快太阳能多元化应用，推动建设清洁低碳、安全高效的现代能源体系，2016年国家能源局下发《太阳能发展"十三五"规划》，明确提出：到2020年年底，太阳能发电装机达到1.1亿千瓦以上，其中，光伏发电装机1.05亿千瓦以上，太阳能热发电装机达到500万千瓦。在国家一系列政策的支持下，我国太阳能的投资加速，2017年中国新增太阳能发电装机容量约53千兆瓦，超过全球总量的一半，太阳能投资达865亿美元，比上一年增长58%，中国太阳能的发展已走在了世界最前列。

从整体时间跨度看，我国太阳能行业的发展经历了缓慢发展（1985~1995年）、快速发展（1996~2013年）和迅猛增长（2014年至今）3个阶段。从地区发展来看，中国太阳能行业的发展也显示出较为明显的区域性特征，太阳能产业发达的省份主要集中于环渤海区域、长江三角区域的江苏省、华中华南地区的湖北省以及广东省等。江苏省太阳能产业专利申请量位居全国之首，专利申请量达到10947项；山东省的专利申请量为 6315 项，位居全国第二；浙江省、广东省分别位于第三和第四。前四省的发展各具优势，江苏省、浙江省和广东省的优势在于：三省属于经济发达地区，拥有较多的高校和科研院所，创新环境好，人才聚集度高，专利意识强，同时国家对各高校和科研院所等研究机构的基础研究十分重视，因此，这些地区在区域创新上表现出很强的优势。山东省的优势在于：高校较多，如山东大学、中国石油大学等，还有一批太阳能热利用的领军企业，如力诺集团、皇明太阳能等，山东省政府对太阳能产业大力支持与扶持，已建立起众多太阳能产业园区。山东省可借鉴其他三省的优势，在维持自身优势的基础上，营造良好的创新环境，完善引进人才机制，加大对基础研究的投入，在关注高校和科研院所技术创新的同时也要关注企业专利技术的创新，鼓励产学研结合的研究方式，加快对技术的产业转化，提高专利意识。

全国申请人排名中，国家电网与海洋王占据前两位，山东省的力诺集团和皇明太阳能居于第三、第四位，但两家企业的申请量较国家电网和海洋王还存在较大差距。相比之下，山东虽然申请总量较多，但申请集中度不高，专利的整体布局意识相对薄弱，没有形成明显的技术优势企业和高校，山东省企业应进一步提高专利意识，完善自身的专利布局，尤其大型企业还应加大科研投入，采取技术领先战略，保持技术领先地位。

在山东省发明人排名中，绝大部分发明人均来自企业，其余为个人发明人，没有高校申请，说明山东省的企业科研实力较强，而高校对太阳能方面的研究缺乏热情。企业一般偏重于应用型研究，而高校在基础研究和前沿技术方面具有优势，因此，山东省政府应充分利用高校的科研优势，鼓励高校在太阳能行业的研究，促进高校与企业的合作，形成优势互补，提升山东省在太阳能方面的整体技术水平。

在全国排名前四省专利申请状况对比中，江苏省的发明在专利申请总量中占比达到 42.5%，属前四省中最高，山东省的发明只占 29.1%，在前四省中为最低；专利审查中的数量江苏省的最多，山东省的最少，且山东省企业、高校、个人与合作申请的授权有效率均低于广东省。可见，山东省专利的整体质量不高，对太阳能的研究热情有所下降，山东省应落实和完善创新政策，鼓励科研院所、高校、企业及大众创新，营造省内良好的创新环境，提高创新热情。同时，山东省的 PCT 申请量只有 10 项，不足广东的四分之一，PCT 申请是中国企业走向国际市场的竞争法宝，山东省应放眼全球，提高海外专利意识，加快海外专利布局，尽早在国际竞争中占据有利地位。

二、针对山东各市的建议

山东太阳能产业的发展趋势与全国的发展趋势大体相同，同样经历了缓慢发展（1985~1995 年）、快速发展（1996~2013 年）和迅猛增长（2014 年至今）3 个阶段。近年来山东相继出台了一系列推动太阳能市场发展的政策，2017 年山东省太阳能行业协会发布了《山东省太阳能"十三五"发展规划》，明确了 2020 年山东光伏装机 10GW，其中光伏扶贫 3GW，"领跑者"基地 3GW，年均增幅 1.8GW。

山东省是我国太阳能热利用的大省，对太阳能发展的重视程度高，山东省的专利总量位居全国第二，整体实力较强。山东省各市太阳能专利申请量排名前五位的分别为济南、青岛、德州、潍坊和淄博，早在 2009 年"国家火炬计划太阳能特色产业基地"就已成功落户济南，该基地汇聚了包括力诺瑞特、力诺电力、华艺等在内的知名光热、光伏企业，形成了较为完整的太阳能光热、光伏产业链，同时，济南还具有优质的科研资源，山东大学、山东科技大学等多所高校。青岛即墨市为6个国家新能源示范城市（园区）之一，并且青岛也具有如中国海洋大学、中国石油大学和山东大学青岛校区等多所高校。德州被誉为"中国'太阳谷'"，其拥有一整套世界太阳能热利用产品工业化生产体系，行业领军企业皇明太阳能也坐落于德州。但是德州、潍坊和淄博的申请量较济南和青岛具有较大差距，其他各市更是不及前五市的申请量，各市发展不均衡。山东省应维持强势城市的良好发展势头，同时，要加强各市间的合作，以点带面，以优势城市为核心，辐射周边各市，促进其太阳能行业的整体发展，逐渐缩小山东省各市间的发展差距，增强山东省的综合实力。例如，与济南相邻的莱芜申请量只有94项，山东可鼓励济南利用自身优质资源，带动莱芜太阳能的发展。

济南的企业和个人申请相当，并且占比相对较高，高校占比较少，企业与高校间合作的占比微乎其微；青岛和德州的申请人类型中，企业申请占主导地位，企业与高校间没有合作申请；潍坊和淄博的个人申请占绝对优势，企业和高校的占比较少，没有合作申请。通过对山东前五市的申请人类型分析发现，其主要呈现出两个明显的特点，其一为个人申请均占有不少比例，其二为高校申请与合作申请占比均较少。从个人申请量来看，个人申请量多在一定程度上是山东的优势，说明山东大众对太阳能的研究热情高，专利意识强，后备人才人力资源丰富。山东省可利用此优势，一方面鼓励大众创业，将个人申请中的高质量专利产业化，提高专利的利用率；另一方面，鼓励企业积极引进人才或寻求与个人合作，将高质量专利的经济效益最大化。在众多个人申请中，可能有一部分来自中小型的民营企业，山东省也可制定相应的鼓励性政策，支持大企业与中小企业的融通，促进优势互补，形成产业集群，增强行业竞争力。

从高校申请与合作申请角度分析，济南、青岛两市具有丰富的高校资源，其高校占比较其他三市具有一定的优势，但济南与青岛的合作申请数量几乎可以忽略，说明济南与青岛的企业与高校间的合作很少，没有发挥其优质的高校资源优势，高校的重点专利没有投向市场，高校专利的产业化利用率低，济南和青岛两市应鼓励、支持高校与企业间的合作，促成产学研优势互补。对于其他三市，高校的申请均较少，原因在于三市的高校资源少，三市一方面应该加大优质高校的建设，储备人才，同时应鼓励企业对科研的投入，加强企业自身的科研实力，另一方面也要鼓励本市企业既要引进来又要走出去，积极引进人才，并寻求与外部企业、高校及科研院所的合作，创建品牌企业，提升本市整体实力。

三、针对山东企业的建议

山东在太阳能行业的技术集中度高，技术主题主要涉及分类号F24J2（涉及太阳能热利用，如太阳能集热器），但在此方向上的基础、重点专利较少；在F24F5（涉及太阳能有关的空气调节系统或设备）方向，相较浙江省和广东省较有优势，说明此技术主题的研发空间较大，国内的专利布局相对容易，山东省可以加大此技术主题的研究投入，尽早在此技术主题的专利布局中占据有利地位；在C08G61（涉及有机太阳能材料）技术主题上，山东省的申请量只有 5 件，而广东省此技术主题的申请较多，技术较发达，山东省可通过与广东省的企业、高校合作，引进人才等措施，填补本省此项技术的不足。从整体上看，山东省大部分企业的技术方向较为单一，专利布局范围较窄，山东省企业应积极引进人才，寻求各方面的合作，多方向、多元化发展技术，扩宽太阳能领域的专利布局范围。

山东省的龙头企业力诺集团的技术分布与山东省的整体情况相似，该企业的专利申请也主要集中在 F24J2（如图 3 - 15），但此技术方向的基础、重点专利较少。经检索发现，中国科学院工程热物理研究所的科研实力较强，具有高价值，力诺集团一方面可加强与科研实力较强的高校、科研院所（如中国科学院工程热物理研究所等）合作，充分利用高校资源提升企业的科技实力；另一方面力诺集团也应注重提升自身的创新能力，加强核心专利申请。同时，力诺集团在其他技术方向的专利很少，说明力诺集团的技术方向较为单一，不利于企业未来的发展。力诺集团应拓宽自身专利申请的范围，寻找具有发展潜力的研发方向，以研发出应用范围更广的产品，采取技术领先战略，引领尖端科技、占据高端市场，保持技术领先地位，为进一步开发全新产品、创造新的需求和新的高端市场提供技术储备，以利于企业的长久发展。

第三节　风能产业分析及发展建议

一、针对山东的整体建议

风电是近年来发展最快的新兴可再生能源。全球风能资源分布广泛，开发利用风电的国家和地区占了全球的一半左右，其中欧洲、亚洲、北美洲是开发规模最大的 3 个地区。美国、中国、德国是全球风电装机容量最大的 3 个国家。全球专利的申请量整体呈现增长趋势，风力发电机的发展经历了萌芽期、平缓增长期、快速增长期。风力发电技术在 2007 年左右迎来一个快速发展的时期，到了 2012 年申请量达到了高峰；2014 年专利申请量有了小幅回落。其中，美国、德国、法国和英国早在 20 世纪 50～60 年代就有了少量风力发电机的专利申请，且直到现在还一直活跃在该领域，美国在 1949 年就有了早期的专利申请，是风力发电机领域最早的申请国家。在亚洲，最早提出专利申请的国家是日本，其在 20 世纪 70 年代开始专利申请，数量较少，至 20 世纪 90 年代，申请量较早期有了一定程度的增长；而中国的专利申请较日本晚一些，中国最早的专利申请在 20 世纪 80 年代，虽然中国起步晚于欧美等国，但是中国风力发电机发展迅速，后来居上。经过多年的积累，在全球各国家和地区的总申请量排名中，中国位列第一名，申请量远远超过其他国家和地区。

风力发电领域的专利申请主要集中在中国、日本、韩国、美国、德国以及丹麦等国家。全球申请量排名前十的企业中，欧美企业占据了一半、日韩有 3 家，而中国企业仅有一家（金风科技）。中国风力发电机企业金风科技提出专利申请最早，其在 2002 年开始提出第一项发明专利申请，虽然风电在中国发展时间较短，但是发展迅猛，相信随着研究力量的逐步投入，在不久的将来，中国企业将在全球风电产业中占有举足轻重的地位。

到目前为止，中国基本建立了较为完善的风电产业发展行业管理和政策体系，出台了风电产业的相关管理规定和技术要求，简化了风电开发建设管理流程，完善了风电技术标准体系，建立了风电产业信息监测和评价体系，基本形成了规范、公平、完善的风电行业政策环境。中国专利申请量从整体上来看呈现增长趋势，风力发电机的发展经历了萌芽期、快速增长期，从 2005 年不到 100 件发展到 2011 年 3500 件左右。这主要由以下两个方面的因素引起：一方面，国外企业准备进军中国市场，开始进行大量的专利布局；另一方面，中国企业受到国内政策的影响，开始在风力发电领域加大技术研发投入，由此，国内风力发电领域的专利申请进入快速发展期。

山东省依附其资源秉性和地理优势，风能产业发展迅速，自 1986 年我国第一个风电场在山东荣成建立以来，风电已经成为山东省发展最快的新兴可再生能源。截至 2015 年年底，全省风电累计并网装机容量达到 721.5 万千瓦，占电力总装机的比重为 7.4%。《山东省新能源和可再生能源中长期发展规划（2016~2030 年）》的出台也为山东省风电产业的发展注入了新的活力。与全球的申请趋势相似，山东省风电产业的发展同样经历了萌芽期、平缓增长期以及快速增长期。山东省在风力发电领域的专利申请量为 1833 件，占国内该领域申请总量的 6.7% 左右，位于全国第五，表明山东省风电产业的发展是位于全国前列的，但是从总的专利申请数量上来看，山东省的风电领域专利申请数量仅为江苏省的 43.8%。从风电领域专利申请量随时间的变化趋势可以得出，山东省与广东省、江苏省风电发展的起步时间基本相同，但是 2008 年以后，山东省的申请量基本趋于平缓，而江苏省的申请量却在快速增长，风电产业的发展远远超过了山东省。山东省与江苏省两省的上述差异，一方面说明了山东省在风电产业发展方面起步不晚，正相反，山东省在这方面有着自己独特的地理优势和资源优势；另一方面说明了山东省在对风电领域产业发展的可持续性关注相比于江苏省有所不足。数据表明江苏省的大型风电企业苏州能建于 2008 年挂牌成立，同时江苏省的"十一五"规划中也制定了风电产业的相关发展计划。山东省可以依托自身新能源产业优势，加强自主技术创新，提高核心竞争力，由政府牵头对风电产业的资源进行整合，形成具有优势的标志性风电企业，集中力量，在该重点的风电企业实现突破，突出自己的品牌，同时延伸产业链条，优化产业结构，形成具有国际竞争力的产业规模优势。同时，积极开展对外合作，引进先进技术、人才、资金和管理经验，促进风电产业跨越式发展，积极应用成熟技术发展新能源，开拓市场，谋划长远发展战略，强化基础工作，重视研发具有发展前景的关键核心技术，为风电产业持续健康发展奠定基础。

全球的十大发明人中，排名第一的发明人所属企业为乌本产权，西门子所属的发明人就占据了两位，三菱重工所属的发明人以及维斯塔斯所属的发明人同样均有两位，可见，在上述企业中均具备较强实力的研究队伍。虽然在全球十大申请人中，中国企业金风科技占据了第六的位置，但是，该企业的发明人却未出现在全球排名前十的发明人中，可见，金风科技的人才队伍相对国际大企业还是比较分散。风力发电机领域的中国专利申请中，申请量最多的是美国通用电气，申请量排名前十的申请人全部为企业。在全国的主要申请人中，国外企业来华申请占据四席，并且贡献了很大部分申请量，尤其是美国的通用电气、德国的西门子以及德国的维斯塔斯。在国内企业中，金风科技占据全国第二位，是国内企业中申请量最多的企业。全国申请量排名前十位的企业中没有一家山东企业。在山东申请量占据前十的企业中，北车风电在山东申请人中独占鳌头，但是，与全国风电产业的龙头企业相比，北车风电的专利申请量仍然较低，专利申请的技术较为单一，与全国龙头企业还有较大的差距。相比于国内外大型风电企业，山东省的风电企业无论是在核心技术的占有率，还是在风能产业的专利布局方面均有不小的差距，山东省应当利用自己已有的技术优势，通过技术创新取得突破性进展，在已有技术优势的基础上加强产学研联合，掌握一批具有自主知识产权的核心技术，形成较完善的技术创新体系，成为全国重要的风电技术研发基地。

在全国范围内来看，东部沿海省市的申请量明显高于中西部地区，一方面沿海地区经济发展快、能源相对缺乏，且对电能的需求量大；另一方面，沿海地区具有发展风电产业的区域优势，同时风电产业是一项投资成本高的产业，沿海地区经济基础好，利于风电产业方向的研发与投资。从全国风电产业总申请量上来看，江苏省的风电产业的专利申请量居于首位，其次是北京、广东、浙江、山东，其中山东省的申请量排名第五，但是从数量上来看，江苏省的申请量遥遥领先，而山东与浙江、广东三省之间的申请量差距并不大，说明山东省的风电产业发展是居于全国前列的。但通过分析山东以及江苏、广东三省的授权有效率，发现山东省的授权有效率相对广东和江苏两省低了10个百分点，江苏省的授权专利有效率为59%，广东省的授权专利有效率为58%，山东省的授权专利有效率为49%。授权专利有效率的高低，一定程度上体现了专利的价值以及核心竞争力，广东省与江苏省相比，虽然授权量较低，但是其专利的有效率与江苏省基本持平，而在山东省的授权量与广东省相差不多的前提下，山东省的授权专利有效率较江苏省低了10个百分点，一定程度上反映出山东风电产业的专利质量相对较低。山东省既是经济大省，又是沿海省份，在风电产业发展上有着天然的优势，山东省应当根据自身优势，依托资源禀赋优势和完善的配套体系，加快建设沿海、内陆两大风能产业带，壮大风能装备制造业，扩大风能利用规模，鼓励发展风力发电机、塔架、风叶、主轴、机械传动、运行控制、风机变频、输变电机组等产品。同时，借鉴江苏省和广东省的发展经验，大力支持山东省的风电等优势产业，给予政策支持，同时积极引进广东省与江苏省风电产业的先进技术，使得山东省风电产业的发展不仅要在量上有所突破，同时也要在质上有所提高。

江苏、广东、山东三省中，江苏省和广东省均具有 PCT 国际专利申请，而山东省没有 PCT 专利申请，体现出江苏和广东两省的风电企业已经开始了风电产业的全球布局，在鼓励企业开始积极地进行产品的研发和技术创新、不断地拓宽市场、发展企业的同时需要警惕的是：国外的风电产业巨头已经开始进行风电产业的全球专利布局，这就需要国内的风电企业在现有发展的基础上注重核心技术的研发，谋划全球专利布局，争取早日在全球风电产业的发展中占据前沿位置，为全球风电产业的发展做出贡献。

虽然山东省的专利申请量在全国排名第五，但是与排名第一的江苏省相比，专利申请数量还是相对较少，而在申请量排名前三位的省市中，各省市基本都有自己的龙头企业，其中江苏省有无锡同春、苏州能建等大型风电企业，北京有金风科技、国电联合等大型风电企业，广东省有明阳风电等大型风电企业，且上述三省市的龙头企业在全国风电领域均占有举足轻重的地位，山东省的北车风电与上述两省的龙头企业相比还有不小的差距，建议政府带头制定相关的人才引进政策，集中自己的优势资源，加大风电产业的扶持力度，树立自己风电产业品牌，增强山东省风电产业在国内的影响力，从而带动相关产业的快速发展。江苏省与广东省在风电领域的申请量排名靠前，其中一个重要的原因是国内风电行业的龙头企业金风科技在江苏省建有一个子公司，国内另一风电巨头——明阳风电，其总部也位于广东省。山东省政府可以借鉴江苏省和广东省对风电产业的引进经验，通过制定优惠政策、制定企业落户山东的绿色通道以及相应的福利措施，利用山东省自身的地理优势积极引进国内顶尖风电企业在山东进行投资发展，逐步带动山东省自身风电产业的进步。

二、针对山东各市的建议

在山东省内各市中，青岛和济南的申请量最多，其次是烟台、潍坊和济宁。山东省的前十位申请人中高校和企业各占了一半，其中五所高校中青岛就占据了四个，另外一所高校为山东大学。高科技人才是企业技术研发保持领先的核心生命力，从专利申请人类型可以看出，山东省自身具有大量的后备人力人才资源，且优质高校资源大多分布在济南和青岛两市，因此这两市的高校申请在整个山东省中也占据优势地位。青岛地理位置优越，处于沿海地带，是 6 个国家新能源示范城市之一，并且青岛有许多高校以及一些产业集群，为风电产业的发展奠定了基础。济南是山东省省会，经济发展位于前列，山东大学的科研能力较强，贡献了较大数量的申请量。从专利申请人构成可以看出，青岛、济南的企业申请占比较大，但是企业与高校的合作申请数量较少。研发与市场的紧密结合能够使研发成果转化为生产力，从而使得企业对于专利布局和需求更加迫切。在山东省的前十位申请人中高校申请量占据了一半，其中有 4 个高校在青岛，一个高校在济南，可见山东省在研发方面有自己的优势。但是从各市的申请人类型来看，企业与高校的合作申请量较少，同时高校集中的青岛却没有标志性的龙头企业，这说明青岛风电产业从研究到产业化还有很大的进步空间，同时北车风电位于济南，但是其专利申请中与济南高校的合作申请却比较少，青岛和济南在这方面应当充分利用自己的研发优势，积极鼓励企业与研究机构共同合作研究。同时，山东省其他城市的企业能够加强与济南和青岛高校的合作，一方面能够进行优势互补；另一方面也能加快山东省风电产业的产业化发展进程。

三、针对山东企业的建议

相对于江苏省和广东省，山东省风电领域的专利申请中没有相应的 PCT 申请，体现出山东省的风电企业并没有进行相关的专利布局。PCT 申请是中国企业走向国际市场的竞争法宝，山东省应放眼全球，提高海外专利意识，加快海外专利布局，尽早在国际竞争中占据有利地位。

江苏省、广东省均具有自己在风电领域的龙头企业，且上述两省的龙头企业在全国风电领域均占有举足轻重的地位，山东省的北车风电与上述两省的龙头企业相比，还有不小的差距。山东省应当借鉴江苏省和广东省的发展经验，支持山东省的风电优势产业，同时积极借鉴广东省与江苏省风电产业的先进技术，引进风电领域领军人才，给予相应政策支持，鼓励企业进行可持续性的研究，提高专利质量，加强专利布局，使得山东省风电产业的发展不仅要在量上有所突破，同时也要在质上有所提高。

与江苏省以及广东省研发重点相同，山东省的研究热点同样主要集中在特殊用途的风力发电机、风力发电机零部件的安装、风力发电机的控制、风力发电机的转子等方面。山东省专利申请量前十的申请人中，排在第一位的北车风电的研发重点主要集中在风力发电机零部件的安装方面，与国内风电产业龙头金风科技相比，北车风电与金风科技两家企业的研究涉及的主题基本相同。但是在数量上上述两个主题涉及的专利申请量均较小，在零部件安装方向仅有 11 件，在风力发动机控制方面仅有 10 件，在特殊用途风力发电机方向仅有 2 件。而上述 3 个技术主题中，作为国内风电产业的龙头企业的金风科技在零部件安装方向有 93 件，在风力发动机控制方面有 60 件。由此可见，虽然北车风电在风力发电机的研究思路上与北车风电是基本相同的，但是在数量上还是有不小的差距。另外，与国外企业来华专利申请不同的是，金风科技和北车风电没有大量的针对水平轴风机结构和控制方面的专利申请，而安装结构、电机测试和基础零部件这些方面的专利国外企业并没有重点关注。建议北车风电在现有的研究思路以及自身优势的基础上注重专利保护意识，增加研发投入，借鉴金风科技的发展经验不断提升自己的研发实力以及核心技术的拥有权，从而提高自己的竞争力。

北车风电可以在自己涉及主轴锁重点专利的基础上借鉴金风科技在该领域的研究，关注金风科技在该技术主题下的发展技术路线，深入该技术主题研究，布局上述技术主题下的专利申请，不断完善自己的研究思路，掌握核心技术，从而在该技术主题核心技术占据优势地位。北车风电可以积极地与本省青岛经济技术开发区泰和海浪能研究中心合作，提高自身在特殊用途发电机领域的发展优势；同时，在发动机的控制方面可以与华北电力大学的何成兵等人所在的研究组进行合作或进行相应的人才引进，同时借鉴金风科技在发动机的控制方面的研究思路，提高自身的技术水平。

第四节　生物质能产业分析及发展建议

一、针对山东的整体建议

中国在生物质能领域的研究始终保持着良好的发展势头。截至 2017 年 12 月，来自中国的生物质能相关的专利申请量共有 2.5 万余件，是全球范围内申请量排名第一的国家，占生物质能全球专利申请总量的 30%；并且虽然中国的专利制度在 1985 年才正式开始建立，然而中国在生物质能领域的国外专利申请始于 20 世纪 50 年代，说明国内技术人员对生物质能的研究起步较早，并且在当时已经有了很强的专利保护意识，在全球范围内进行专利申请，并保持了较高的申请量。2015 年国内生物质能专利申请量占据全球该领域专利申请量的 46%，而 2016 年国内生物质能专利申请量则有了进一步提高，表明国内生物质能领域依然是一个充满活力的产业。

　　山东省在生物质能专利申请的起点和发展规律与全国范围的生物质能专利申请趋势是较为吻合的，表明山东省在生物质能领域的研究紧随国内的研究步伐，并成为国内生物质能领域技术进步的不可或缺的重要组成部分。在生物质能领域的技术发展过程中，山东省表现出对于生物质能产业的高度重视以及与之相适应的研究能力，同时也表现出对于知识产权保护意识的较早觉醒。

　　从专利分析数据中可以看到，山东省在生物质能领域的专利申请量为1696件，占国内该领域申请总量的7%，位于全国第四，表明山东省的生物质能研究起步早、发展迅速，加之其独特的地缘优势，因而在技术开发和专利申请方面均表现十分突出。然而从分析数据中也可以得到以下事实：排在山东省前面的江苏省、北京市和广东省的申请量均超过2000件，相比之下山东省的申请量差距明显；紧随山东省之后的浙江省的申请量为1429件，且仍然保持较快的增长速度，已经显露出赶超山东省之势；反观山东省，从申请量变化趋势来看，山东省的申请量增长速度已经呈现逐渐放缓的态势。因此，为了稳固山东省在国内生物质能产业中的发展地位，山东省务必要从政府、企业、高校等多方位实现上下联动，综合政策规划、技术革新、优势互补等多种手段，为生物质能产业发展创造一个新的契机，继续打造生物质能强省形象，实现山东省生物质能技术发展的二次飞跃。

　　生物质能是一个产业化程度较高的行业，并且是受到全球范围内普遍关注的行业。现有数据表明，在生物质能领域全球专利申请排名前十五位的申请人中，仅包含法国石油研究院一家研究机构，其余14位申请人全部是企业，而且这些企业均是各个行业的领军企业。其中包括6家美国企业、5家欧洲企业、两家日本企业和两家中国企业。壳牌集团是申请量最多的申请人，共有1233件申请。来自中国的两家企业是广州迪森（271件）和中国石化（243件），分别位列全球第十一位（并列）和第十三位（并列）。

　　国内生物质能领域排名前十位的申请人中，包含5个企业申请人和5个高校、科研院所申请人。这表明在我国生物质能产业在企业和高校、科研院所中受到同样的关注；然而从申请量来看，广州迪森、中国石化等作为企业申请人的代表，其申请量与高校、科研院所的申请量相比仍表现出一定的优势，表明生物质能在国内同样是一个产业化应用十分完备的行业。从全球和全国范围内的重要申请人分布可以看出，技术的进步需要龙头企业的带动。而山东省作为国内生物质能领域的强省之一，并没有入围国内生物质能专利申请量排名前十位的申请人。统计数据显示，山东省生物质能专利申请排名第一的嘉能环保仅有74件相关专利申请，排名第十的青岛理工则只有16件相关专利申请，然而山东省的专利申请总量很高，说明山东省的申请人数量很多，但每个申请人的申请量较低，较为分散，这会使得山东省整体的技术优势难以集中，较难形成特色产业；山东省与全国的重点发明人的统计数据也同样佐证了这一点。因此，建议山东省从以下3个方面提升竞争力：一是继续加大政府扶持力度，打造生物质能龙头企业，力争技术创新，引领行业发展；二是形成产业集群，营造和谐技术交流氛围，用好技术转让、许可等手段，加强本地合作，形成强强联手之势；三是制定人才引进政策，积极从省外乃至海外引进相关人才，组建高新技术团队，以点带面，促进生物质能行业整体发展。

山东省生物质能专利申请量排名前十位的申请人中包括5家企业和5所高校、科研院所。其中，嘉能环保和百川同创分别位于第一和第二位，另外3家企业分别位于第五、第八和第九位。可以看到，山东省的企业和高校、科研院所均在生物质能领域有一定建树，这与全国范围内的申请人构成十分吻合。企业的研究成果侧重于产业化应用，而高校、科研院所则更偏重于前沿技术开发，这证明山东省在生物质能领域具有明显的技术优势。然而，企业和高校、科研院所之间的合作较少，且绝大多合作申请主要分布在青岛和济南两市，这很有可能造成技术壁垒，不利于新技术开发。建议山东省政府可以定期组织企业和高校、科研院所的技术交流，设置产研联合基地，并制定适当的成果转化鼓励政策。

相比国内生物质能同样排名前列的江苏省、广东省和浙江省，山东省的专利质量仍有待提升。山东省生物质能领域的专利授权率为81%，虽然高于江苏省，但与浙江省和广东省相比还稍显不足；山东省的专利有效性仅为51%，低于江苏省、广东省和浙江省三省。专利授权率体现了专利申请的创新高度，专利有效性则体现了专利申请的价值度，而山东省在这两个方面均存在一定的提升空间。提升专利质量，归根结底是要加强企业和高校、科研院所的技术创新能力，从而形成更多高价值专利申请；与此同时，除去以营利为导向的技术创新之外，建议山东省政府设立相应的技术创新高度评估机制，对于高价值专利申请的申请人予以适当奖励，鼓励真正意义上的技术创新。

山东省在生物质能领域的专利申请重点涉及3个技术主题：燃料制备、燃烧设备和方法以及供热设备。这3个技术主题所涉及的专利申请数量占申请总量的77%，均是生物质能领域所关心的热点问题，且这3个技术主题与国内生物质能的专利申请的重点技术主题完全相同，证明山东省对于生物质能领域的关注重点同样是国内研究的热点。然而，山东省在生物质发电这一技术领域所涉及的专利申请量非常有限，与此同时，国内在该领域的专利申请量也很少，而生物质发电是国家对生物质能发展规划的重点之一，可见这一领域的专利申请还有一定的布局空间。建议山东省从政府的政策引导出发，推进生物质发电领域的专利布局，并借鉴国内生物质发电优势企业的创新技术和发展经验，抢占国内市场，形成本省的特色产业。

二、针对山东各市的建议

生物质能产业是山东省的优势产业之一，可以作为政府重点扶持的产业，以其带动本市的经济发展。同时，知识产权保护意识日渐深入人心，已成为维护自身知识产权不被侵犯、促进技术交流合作的一条重要途径。因此，山东省内各市应当在贯彻省内新旧动能转换的相关政策的同时，根据本市的特点制定相应的政策，鼓励生物质能企业及高校研究团队的技术革新和专利申请，促进生物质能成果转化，以技术引领经济发展，从而找出适合本市发展的道路。

从专利申请地域分布来看，山东省内生物质能专利申请量排名前五的城市依次为青岛、济南、临沂、烟台和潍坊。其中山东省的生物质能专利申请几乎一半都来源于青岛和济南两个城市，且山东省的生物质能专利申请量排名前十位的申请人中，除去山东理工、潍坊金丝达和多乐采暖，其余申请人也均分布在青岛和济南，地域发展较为不平衡。建议山东省政府根据地缘、经济和技术水平等因素，在其他城市选择合适的区域，设立生物质能产业技术园区，适当制定补贴政策，吸引省内生物质能优质企业和优秀人才入驻；山东省政府也可以采取相应措施吸引国内生物质能龙头企业，如广州迪森、中国石化、神雾集团等在山东省内设立分部，将优势技术带到山东省，向省内注入新鲜血液，提升本省创新能力，实现产业整体进步。

青岛和济南是山东省的生物质能专利申请量最高的两个城市，并且这两个城市的企业和高校、科研院所之间的合作申请占比也相对较大，表明这两个城市依托于重点企业和高校、科研院所的地缘优势，在山东省内产研结合的道路上起到领头羊的作用。因此，青岛和济南对于其他各市来说是非常具有借鉴意义的参考。省内其他各市的政府可以通过各种渠道充分考察本市与生物质能产业相关的企业和高校、科研院所的研究团队，利用企业在高校、科研院所开展技术说明会，以及高校、科研院所专家团队赴企业调研等多种形式，加强本市的企业和高校、科研院所之间的技术交流合作；同时，可以将交流合作的范围辐射到省内其他城市，充分利用技术资源，海纳百川，互补短长。

各个城市也可以围绕生物质能产业设立高新技术产业园区，吸引本市生物质能企业集中建厂，利用产业集群优势促进企业间的技术合作；同时可以采取适当的补贴政策吸引青岛和济南两市的生物质能大型企业在本市成立分厂，将优质技术和优秀人才引入本市，从而带动本市技术进步。

优秀人才是技术进步的关键所在。人才引进的关键在于充分了解自身需求，并找出自身不足，即要具有针对性，切忌盲目。目前各个省市均在制定人才引进政策，以在人才争夺大战中占据绝对优势，因此在这里针对人才引进政策不做过多阐述。

根据前面的分析，山东省内各市对于生物质能的燃料制备、燃烧设备和方法以及供热设备这3个技术主题的研究成果较多，对于生物质能发电等相关领域的研究成果较少，而研究相对成熟的技术领域往往更加难以形成技术突破。因此，山东省内各市应当适时调整思路，找出适合本市的可能具有更大发展潜力的领域，弯道超车，开辟一条属于自己的发展道路。

三、针对山东企业的建议

一个省、一个市的专利申请质量归根到底是由企业的研发技术水平决定的。因此，建议山东省的企业和高校、科研院所进一步提高科技创新能力，向广东省、江苏省、北京市等强省强市看齐，提升专利申请质量，在保证专利申请量稳步增长的总体态势下，减少不必要的创新力较低的专利申请，保持山东省生物质能专利申请的健康发展。

同时可以发现，国内各省在生物质能领域的PCT申请量均很低，而山东省作为国内生物质能专利申请重要省份之一则完全没有PCT申请。建议山东省内各个企业积极向国外进行专利申请，逐步加强生物质能领域在全球范围内的专利布局，提升企业在海外的竞争优势，并完善海外专利运营保护，以树立自身发展特色。

企业与省内、市内引进人才的思路有一定差异。企业需要根据自身的发展特点，找出技术短板，有针对性地引入相应的人才。因此，在此主要针对人才的可能来源提出建议，仅供各企业参考。一是省内的个人申请人。山东省的个人申请占据比例相对较高，这虽然证明个人知识产权保护意识普遍较强，但同时也要注意到，个人申请的成果转化与高校、科研院所相比更为困难。因此，企业有人才和技术引进需要，个人申请人有产业化平台搭建的需要，企业和个人的合作，或者企业直接将个人申请人吸引到自己的研发团队中来，可以达到互利互惠的结果。二是省内的高校人才。高校的毕业生为企业提供了巨大的人才储备，通过前期的技术说明会、产研基地实习等途径，可以增加企业与高校毕业生之间的相互了解，从而使企业与高校毕业生之间能够更加有针对性地进行双向选择，为企业吸纳优秀人才提供了更为便利的条件。三是省外以及海外人才。这种类型的人才引进往往基于更有吸引力的人才补贴政策、技术平台、职业发展等，因此建立在企业对自身有着更为明确的定位和规划的基础之上。然而，由于通过这种形式引进的人才必然是该领域的专家型人才，因而这种类型的人才引进也可能是收益最为明显的。

前面已经提到，国内和山东省在生物质发电这一技术领域所涉及的专利申请量均非常有限，在这一领域的专利申请还有一定的布局空间。山东省内各企业可以结合自身发展特点，借鉴国内生物质发电优势企业的创新技术和发展经验，推进生物质发电领域的专利布局，迅速抢占国内生物质能发电市场。此外，山东省在生物质燃料制备有关的专利申请中，绝大多数仅针对生物质燃料的配方进行改进，而对于制备过程中的化学反应过程和原料的处理等关乎最终得到的生物质燃料质量的研究非常少。建议山东省内各企业借鉴中国石化的相关专利，找出自身技术短板并弥补不足。

第五节　锂离子电池产业分析及发展建议

一、针对山东的整体建议

全球范围内，日本是锂离子电池产业的领头羊，其技术优势依靠其众多积极创新的公司，全球排名前十五位的申请人中日本申请人多达 9 位，包括丰田、松下、三洋电机、索尼等，其中来自东芝的高见则雄和来自宇部兴产的安部浩司作为全球主要发明人专利申请量也遥遥领先，这与日本针对培育本国的新能源汽车产业出台的一系列扶持政策不无关系，同时使得日本进一步稳固了技术研发的领军地位。韩国专利申请量虽然并不靠前，但韩国企业三星和 LG 化学的专利申请量排名全球前两位，其在锂离子电池制造技术方面同样处于世界顶尖水平。相比而言，中国在锂离子电池产业方面起步较晚，但从 2009 年开始，随着国民经济的快速发展和研发投入的不断提高，专利申请量呈现大幅上涨，逐渐成为该产业中的主要申请来源国，而中国发明人中清华大学锂离子电池实验室的研究团队何向明、李建军、王莉等人以及山东省海特电子的研究团队带头人关成善、宗继月等人也在全球主要发明人中榜上有名，这也充分体现出山东省海特电子的综合研发实力。

山东锂离子电池的相关研究虽然起步较晚，但是近几年发展非常迅速，同样在2009 年左右进入高速增长期。国内省份中，广东省专利申请量最大，约占国内专利申请总量的 1/4 左右，在该产业的发展中占据绝对优势地位，江苏省、天津、浙江省、北京市、上海市分别位居第二位至第六位，其中大部分属于沿海省市。山东省专利申请量在全国排名第七位，但值得注意的是，除排名第一位的广东省外，山东省与其排名前后几位的省份专利申请量差距并不大，因此，山东省具有很大的发展潜力，但同时也要保持警惕以防被赶超。ATL、天津力神、比亚迪在国内主要申请人中分别占据专利申请量前三甲，而山东省龙头企业海特电子在国内申请人中排名第十三位，但近几年来发展非常迅速，对拉动山东省锂离子电池产业的发展具有重要意义，而且海特电子的研究团队关成善、宗继月、张敬捧、李涛等人在山东省乃至全国的发明人当中排名都占据优势，充分体现出海特电子的科技研发实力和市场竞争意识。同时，在国内主要发明人中，清华大学锂离子电池实验室的研究团队何向明、李建军等人在锂离子电池的研究前沿方面也做出很大贡献，很好地发挥出科研院校的研究实力。

与国内专利申请量排名前两位的广东省和江苏省相比，山东省目前尚未提出 PCT 专利申请，海外专利运营保护有待完善。从申请人类型来看，广东省企业申请人占比达到83%，充分表明广东省在锂离子产业方面雄厚的产业化实力，而山东省和江苏省的企业申请人占比基本相同，均为67%，尽管山东省和江苏省的专利申请量存在差异，但是可以看出山东省企业申请人的活跃度尚可。同时，江苏省高校申请人和合作申请人所占比例相对较高，说明江苏省将科研成果进行专利保护并快速推向产业化的效率非常高，这也是江苏省能够在全国锂离子电池产业中排名第二位的重要原因。在三省的已授权专利中，目前山东省专利有效率相对较低，主要由于广东省绝大部分专利申请来自企业，而专利保护的最大受益者即为相关产业中的企业，因而显然一方面企业会投入大量人力物力进行高新技术研发，抢占技术制高点；另一方面在企业获得专利权之后，也一定会全力维持专利权的有效状态以充分获取相关专利所能带来的利益，因此，广东省的授权专利有效率在三省中最高；对于江苏省来说，尽管其企业申请人占比与山东省持平，但其高校申请人和合作申请人占比比较突出，因而高校申请人的最新研究成果在专利化以后，可以很快找到合作的相关企业，科研成果的产业化进程进展顺利，不会造成高价值科研成果专利的资源浪费，因此，江苏省的授权专利有效率也相对较高。

对于锂离子电池产业的专利申请来说，技术主题涉及最多的是电极材料、电解质材料和隔膜材料，尤其是作为锂离子电池核心的电极材料。通过对山东省专利申请进行标引，发现在涉及电极材料的专利申请中，涉及的技术主题最多的是制备方法及改进以及表面改性，而技术功效则主要涉及提高循环性能、简化制备工艺、提高容量、提高电导率。由于可以借鉴相关的参考文献，而且改变工艺条件对材料的性能影响最大，所以大多数专利申请通过改进制备方法来达到想要实现的技术效果。但同时需要注意的是，通过掺杂元素和调整元素配比在提高循环性能方面也可以发挥作用，而目前涉及这方面的专利申请相对较少，需要克服的专利壁垒相对较小，可开发的空间相对较大。

针对山东省在锂离子电池产业方面的未来发展，提出如下建议：第一，人才储备和建设是科技发展进步的重要推动力，因而山东省要积极制定和开放有效的人才政策，推动人才结构战略性调整，创新人才引进模式，吸引外籍高层次人才和急需紧缺人才进入山东，如在锂离子电池产业中重要的发明人，同时，支持国内外科研机构在山东设立研发基地，培育高层次人才，并加强与科研机构和企业的交流合作，此外，完善人才激励政策，为高端人才脱颖而出提供展现的舞台，并加大对高校和科研院所研究团队的创新支持力度；第二，锂离子电池产业中的核心技术大多掌握在国外企业手中，而创新是引领发展的第一动力，因而山东省应当转变思路，完善鼓励创新政策，从追求专利数量到追求专利质量，将更多的研发力量和资金投入尖端技术的开发中，重点关注领域最新技术动向，跟上世界一流公司的技术发展水平，甚至要引领技术发展潮流，做出开拓性的发明，逐步从鼓励将创新成果转化成专利申请变化为转化成授权率高的高价值专利，不断提升发明专利质量，加强创新型省份建设，同时，提高科技创新应用能力，积极推动将前瞻性基础研究、引领性原创研究和应用基础研究成果快速产业化、应用化，通过创新平台建设实现资源共享，为创新主体的研发和测试提供便利；第三，山东省要强化知识产权创造、保护和运用，不断完善科技成果转化机制，建立健全完整稳定的产业链，优化扩大创新发展环境，打通国内外技术、资源、人才通道，积极、及时将研发成果专利化，学习和借鉴国外企业的专利申请和保护策略，注重自身专利的挖掘和优化组合，积极向国外市场专利布局；第四，无论是技术攻关还是专利制度，与西方发达国家相比，我国起步都相对较晚，但是近年来国内技术不断取得突破，研发投入不断提高，山东省近年来在锂离子电池产业方面发展迅速，技术优势主要体现在制备方法及改进上，从这个角度出发可以进一步简化制作工艺，减小生产成本，优化电池性能，尽管方法专利保护力度不如产品专利，但是在锂离子电池产业日趋成熟的今天，想要在专利技术林立的大蛋糕中分得一杯羹，方法专利具有天然的优势，因而山东省要稳固自身已有的技术优势，加强对优势领域的技术占领，同时在相对弱势的领域积极寻求技术合作，进一步取得有力竞争地位。

二、针对山东各市的建议

在山东省内各市中，锂离子电池产业专利申请量排名前五位的城市分别为枣庄、青岛、济南、济宁和菏泽。其中，枣庄、济宁和菏泽的专利申请量主要来源于各市的龙头企业海特电子、润峰集团和玉皇化工，济南的专利申请量主要来源于以山东大学为主的高校群。在山东省的主要申请人中，海特电子、山东玉皇、乾运高科这3家分别位于枣庄、菏泽和青岛的企业排名前三位，它们作为当地的龙头企业，技术研发能力非常突出。山东大学作为山东省学术研究实力顶尖的科研院校，为山东省锂离子电池产业的专利申请量也做出了重要的贡献，但青岛的申请人相对较为分散，而且通过对已结案的专利中专利授权率的相关分析，青岛的专利授权率相对较低，占比只有46%，低于其余四市的授权率。从申请人类型来看，只有济南和青岛两市的高校申请人占比较大，而高校和研究所是行业前沿研究团队的主力军，但同时高校和研究所也是研究成果产业化比例相对较小的申请人，因而积极加强企业与高校之间的合作是发展锂离子电池产业必不可少的途径。

针对山东省内各市在锂离子电池产业方面的未来发展，提出如下建议：从山东省内各市专利申请量可以看出各市间的差距非常大，因而为实现产业的均衡发展，加强各市之间的合作与交流是必不可少的；对于专利申请量较大的城市，要积极发展优势技术，打通海外布局通道，避免出现大而不强的情况，同时加强申请人之间的交流与合作，加快技术前沿成果的产业化进程，形成优势技术的研发队伍，以青岛为例，虽然青岛专利申请量较大，具有足够的专利保护意识，但申请人相对较为分散，还需要提高战略意识，加强科研单位与企业之间的交流与合作，积极引导和发展优势企业，并不断寻找突破口，跳出传统的思维模式，将专利申请的涉及范围逐步拓宽；对于专利申请量较小的城市，要积极通过调研、培训等方式学习借鉴强市的发展经验，找准城市自身的资源和地域优势，不断寻求与强市龙头企业之间的合作与交流，同时也要积极扶持本土企业，壮大一批核心技术能力突出、集成创新能力较强的骨干企业，并逐步形成龙头，以点带面，促进大中小企业共同发展。

三、针对山东企业的建议

与国内排名前十位的申请人相比，山东省从事锂离子电池行业的企业专利申请量均相对较低，即使是山东省的龙头企业，位于枣庄的海特电子，其申请量遥遥领先于其余省内申请人，但与国内排名第十位的比克电池之间也相差近百件专利申请。然而，就发明人而言，海特电子的研究团队关成善、宗继月、张敬捧、李涛等人在国内排名前十位的发明人中能够凸显出一定的优势，具备强大的科技研发实力。为了找出山东省企业专利申请量与国内领军企业之间存在差距的原因，通过以海特电子为典型，将其与国内重要申请人比亚迪进行对比发现，海特电子在专利布局、技术偏重和专利转化等方面还存在差距。海特电子目前尚未提出过 PCT 专利申请，海外布局意识方面还有待加强。技术方面，海特电子在通过表面改性提高电导率及通过掺杂元素提高电导率和简化制作工艺方面较有优势，应该加快这些方面的专利布局，同时需要注意的是，在提高结构稳定性和改善放电性能方面比亚迪可以采用不同的技术手段实现上述技术效果，而海特电子采用的技术手段相对较为单一，此外，在改善安全性能方面海特电子的专利申请还是空白，而锂离子电池的安全性问题是该产业非常重要的研究课题。

针对山东省企业在锂离子电池产业方面的未来发展，提出如下建议：第一，山东省企业在锂离子电池的一些技术主题方面已形成实力雄厚的研究团队，也已取得一些相应的研究成果，比如海特电子的研究团队在通过表面改性提高电导率及通过掺杂元素提高电导率和简化制作工艺方面实现技术突破，在这些方面山东省企业应当保持自身技术优势地位，充分发挥企业创新主体作用，加快加大专利布局，积极抢占技术制高点，占据高端市场，开发全新产品，加快产学研一体化进程，同时鼓励企业形成创新联盟，强强联合共同攻关核心技术；第二，山东省企业在锂离子电池产业方面起步相对较晚，因而在一些新兴技术主题方面相对较为落后，仍以海特电子为例，海特电子目前在隔膜材料方面和电解质材料方面存在不足之处，考虑到人才、资金、时间等配置要求，能够更快发展弱势技术的途径就是人才引进或者寻求合作，山东省内的中国科学院青岛生物能源与过程研究所和山东鸿正电池材料科技有限公司分别在隔膜材料方面和电解质材料方面有重要专利布局，因此，对于海特电子来说，在隔膜材料方面建议海特电子可以尝试与中国科学院青岛生物能源与过程研究所进行合作，提高科研成果的产业化进程，达到双赢的目标；在电解质材料方面，海特电子可以尝试与山东鸿正电池材料科技有限公司进行合作，强强联合形成企业联盟，共同带动枣庄高新技术开发区乃至整个山东省的相关产业向前发展；第三，山东省企业目前均尚未提出 PCT 专利申请，建议山东省企业可以针对目前发展较好的优势技术方面积极攻坚核心技术，从建立价格优势、技术优势入手逐渐建立市场优势，同时增强海外布局意识，积极抢占全球市场。

第六节　核能产业分析及发展建议

一、针对山东的整体建议

我国核能产业虽然起步较晚，但发展极为迅速。核能方向的专利申请量在 2005 年以前较少，年申请量在 150 件以下，处于萌芽阶段；2006 年开始，专利申请量快速增长，2015 年突破 1200 件。我国核能专利申请量的极速增长态势与我国发展核能的政策导向和支持是分不开的，国家较为重视发展能源工业，从"十一五"规划开始积极推进核电建设，明确目标，促进核能产业的蓬勃发展。

随着时间的推移，我国核能方向产业化进程良好，个人申请人的占比越来越少，从 2003 年以前的 39.2% 到 2013～2017 年的 5.8%，企业申请人的占比越来越大，2013～2017 年企业申请人的占比已超过总申请量的一半以上。与此同时，在其整个发展进程中，高校和科研单位的申请人依然占据大比例，始终保持在 40% 左右，可见我国核能的产业化发展前景还是相当广阔的。

核能方向的中国专利申请中，中国申请人申请了 7416 件，超过了总申请量的 3/4，是申请量排名第二的美国 10 倍之多。国内申请人重视核能在本国的专利布局，国外申请人如美、法、日、德，对中国的市场也比较重视。申请量排名第一位的是中广核集团，申请量为 1009 件，约占我国核能专利申请量总数的 11%。排名前十位中的中广核工程有限公司、中国广核电力股份有限公司、中科华核电技术研究院有限公司和大亚湾核电运营管理有限责任公司均是中广核集团的成员公司，中广核集团在较为注重核能方向的专利布局，成员公司之间也有较多的联合申请的专利。排名第二位的是中国核动力研究设计院，申请量为 728 件，其隶属于中核集团。除了中国核动力研究设计院，排名前十位中的中国核电工程有限公司和中国原子能科学研究院也都隶属于中核集团公司。排名第四位的上海核工程研究设计院隶属于国家电投。清华大学在核能方向的申请量位居第六，科研实力相当雄厚。

山东省在核能方向的专利申请趋势基本上与中国的申请趋势相同，在 2005 年以前申请量极少，从 2006 年开始申请量逐步变大。然而，从全国角度来看，山东省在核能的技术创新方面还比较薄弱，我国核能方向的专利申请量，北京的最多为 1651 件，其次是广东省（1185 件）和四川省（1131 件），山东省在全国排名第十位，仅 175 件，排名第一的北京的申请量是山东省申请量的 10 倍左右，可见，山东省在核能方面亟须加强专利布局。

产业的发展离不开政府的扶持，尤其是核能产业，在我国核能产业发展国家投入比较大，龙头企业占据绝对优势的情形下，山东省发展核能产业时政府积极的政策引导非常有必要。同时，山东省核能产业的相关申请人也应进一步提升专利保护意识，积极进行在国内和国外的专利布局，通过专利来保护核心技术。

排名前几位的省市中都有申请量较大的申请人，如北京比较突出的申请人有中国核电工程有限公司、清华大学和中国原子能科学研究院，广东省的中广核集团，四川省的中国核动力研究设计院等，而山东省的申请人就相对较为分散，排名前两位的企业申请人为青岛天和清原科技有限公司和青岛优维奥信息技术有限公司，其申请量均为个位数。

在国内核能产业化进程良好的情况下，反观山东省就会发现，虽然山东省的企业申请人的占比在逐步变大，但山东省的核能专利申请量整体比较少，且个人申请的占比一直保持在一半以上，山东省在核能产业的发展道路上还有很长的路要走。

在对核能产业的发展上可以考虑积极培养发展部分有潜力的申请人，发展建立山东省的龙头优势企业，通过优势企业带动产业的发展；也可以通过山东省各地区的资源状况、经济发展水平等因素进行评估，建立适合核能产业发展的园区，形成产业集群，引入要发展的本省申请人，引进国内其他优秀申请人和发明人，集中力量，促进发展；针对山东省核能产业整体申请人较为分散、个人申请较多的现状，可以通过进行产业整合，通过资源整合、强强联手和优势互补等来增强整体实力。

我国核能方向的专利申请大部分都集中在 G21C 核反应堆的技术分支，其次是 G21F 涉及防护和放射性污染材料的处理和处理装置，然后是 G21K 其他处理技术和 G21D 核发电厂。国内主要申请人大多致力于对核反应堆的研究，如中广核集团的李伟才在 G21C3 反应堆燃料上有着绝对的优势，清华大学的张作义在 G21C19 用于核反应堆的处理燃料或其他材料上的研究比较多，中核集团的李庆在 G21C17 控制监视测试上有着一定的优势。

在山东省，专利申请的技术分布与我国核能整体方向不完全相同，主要集中在 G21F，其次是 G21C 和 G21K，对于 G21H 放射源辐射和宇宙射线的应用以及 G21J 核爆炸方面完全没有涉及。山东省核能方向专利申请量排名前两位的申请人的技术主题都集中在了 G21F，其中青岛天和清原科技有限公司的专利申请主要涉及放射性废物处理装置，青岛优维奥信息技术有限公司的专利申请主要涉及含铀、钽、铍的复合材料。

在努力发展优势技术如 G21F 的同时，也应通过加强交流合作等方式来推进其他技术的发展。发展其他技术时可以积极借鉴国内标兵省份的发展经验，通过制定相关人才引进政策，从国内优势企业或高校科研院所引进优秀人才，积极引进相关重要发明人，为本省相关产业的发展注入新的活力。

二、针对山东各市的建议

各市政府应根据本市的资源情况发展相关优势产业，通过制定鼓励政策刺激企业积极向前发展；通过制定人才引进政策，以期优秀人才能够推动相关产业的发展；通过当地政府积极引导和推动相关企业与其他市的科研院所之间进行合作，促成产学研优势互补，将会对于当地相关产业的发展起到重大的推动作用。

从核电发电量来看，山东烟台核电产业发展较好，但从核能专利申请量来看，并无明显优势。因此，提高相关企业的专利保护意识，提高技术水平，加强专利布局，增加专利的数量与质量势在必行。

参 考 文 献

[1] 张德艳. 山东新旧动能转换的实现路径 [J]. 发展改革理论与实践, 2017 (11): 55.

[2] 尚昀. 着力推进新旧动能转换, 促进山东经济转型升级 [J]. 理论学习, 2017 (11): 15.

[3] 张文. 供给侧结构性改革导向下我国新旧动能转换的路径选择 [J]. 东岳论丛, 2017, 12 (38): 93.

[4] 王昌林. 加快创新驱动发展, 促进新旧动能转换 [J]. 现代国企研究, 2018 (2): 48.

[5] 于智勇. 加快新旧动能转换, 促进山东创新发展 [N]. 中国知识产权报, 2017 (11): 1.

[6] 刘峰梅. 加快新旧动能转换, 谱写工业转型新篇章 [J]. 山东经济战略研究, 2017 (12): 52.

[7] 邓波. 浅谈知识产权保护在新旧动能转换中的作用——充分发挥中国 (烟台) 知识产权保护中心职能 [J]. 中国发明与专利, 2018, 4 (15): 90.